校企合作城市轨道交通专业精品教材

城市轨道交通员工职业素养

主审　林少宏

主编　段红莲　金晓梅

内容提要

本书从城市轨道交通各岗位的实际需求出发，讲解了城市轨道交通员工职业素养相关知识。全书共分为 5 个项目，内容包括职业与职业素养、城市轨道交通员工隐性职业素养、城市轨道交通员工能力素养、城市轨道交通员工行为素养、城市轨道交通员工专业素养。

本书以“任务驱动、强调活动、强调参与”为原则，采用模块化设计方式安排内容，具有较强的实践性和应用性，可以提高学生的专业素质与专业能力，为学生步入职场打下坚实的基础。本书可以作为各类职业学校城市轨道交通专业及其他相关专业学生的教材。

图书在版编目（CIP）数据

城市轨道交通员工职业素养 / 段红莲，金晓梅主编
. -- 上海 : 上海交通大学出版社，2023.8（2025.1 重印）
ISBN 978-7-313-28878-3

Ⅰ. ①城… Ⅱ. ①段… ②金… Ⅲ. ①城市铁路－职工－职业道德－高等职业教育－教材 Ⅳ. ①U239.5

中国国家版本馆 CIP 数据核字(2023)第 110035 号

城市轨道交通员工职业素养

CHENGSHI GUIDAO JIAOTONG YUANGONG ZHIYE SUYANG

主　　编：段红莲　金晓梅
出版发行：上海交通大学出版社　　地　　址：上海市番禺路 951 号
邮政编码：200030　　电　　话：021-64071208
印　　制：三河市祥达印刷包装有限公司　　经　　销：全国新华书店
开　　本：787 mm×1092 mm　1/16　　印　　张：10
字　　数：231 千字
版　　次：2023 年 8 月第 1 版　　印　　次：2025 年 1 月第 2 次印刷
书　　号：ISBN　978-7-313-28878-3
定　　价：39.80 元

前言

PREFACE

近年来，我国城市轨道交通发展迅速，城市轨道交通运营企业的管理水平和服务质量不断提升，我国城市轨道交通驶入高质量发展新轨道，这对城市轨道交通员工的职业素养提出了更高的要求。

为了深入实施人才强国战略，强化现代化建设人才支撑，培养具有良好职业素养的城市轨道交通高素质人才，编者基于项目教学理念，依据城市轨道交通行业需求，精心编写了本书。在编写本书的过程中，编者在结构与内容等方面进行了积极探索与创新，力求突出本书的实用性、科学性与趣味性。具体而言，本书有以下特色。

1．春风化雨，立德树人

党的二十大报告中指出，要深入开展社会主义核心价值观宣传教育，深化爱国主义、集体主义、社会主义教育，着力培养担当民族复兴大任的时代新人。为了贯彻落实党的二十大精神，落实立德树人根本任务，本书每个项目前设置了“素质目标”，并将思想道德教育融入正文中，做到显性教育与隐性教育相结合，潜移默化地培养学生的道德品质，实现全方位育人。此外，每个项目中还设置了“精神导向牌”模块，展示了一些优秀城市轨道交通员工的事迹，用榜样的力量驱动学生成长成才。

2．校企合作，实践驱动

一些长期工作在一线的城市轨道交通从业人员为本书的编写提供了指导，使编者在编写过程中，能紧扣城市轨道交通行业的实际工作，以便学生能够学以致用。此外，书中的部分案例与图片也是由城市轨道交通运营企业所提供的，有助于学生更直观地了解工作场景，更好地理解理论知识在实践中的应用。

3．有趣实用，易教易学

本书采用项目任务式结构编写，既方便教师更好地教学，又方便学生理解和掌握知识点。具体来说，每个任务均以“任务导入”模块引出正文，通过典型案例激发学生的学习兴趣，并通过提问的方式引发学生思考。在知识讲解过程中穿插了“案例展示窗”“知识联络线”

“思维调度室”“观点换乘站”“素养检修段”等模块，在帮助学生巩固所学知识的同时，增强全书的趣味性与可读性。每个任务后设置了“任务实施”模块，针对所学知识点设计各种实训任务，提高学生的实践能力。此外，每个项目后还设置了“学习成果检测”和“学习成果评价”，以帮助学生检验学习成果。

4. 数字资源，平台辅助

本书配有丰富的数字资源，将教材、课堂与教学资源相融合，构建了线上线下相结合的教学模式。读者既可以扫描书中的二维码观看微课视频，也可以登录文旌综合教育平台“文旌课堂”（www.wenjingketang.com）查看和下载本书的配套资源，如教学课件、教案、课后习题答案等。读者在学习过程中如有任何疑问，也都可以登录该平台寻求帮助。

此外，本书还提供了在线题库，支持“教学作业，一键发布”，教师只需通过微信或“文旌课堂”App扫描扉页二维码，即可迅速选题、一键发布、智能批改，并查看学生的作业分析报告，从而提高教学效率、提升教学体验。学生可在线完成作业，巩固所学知识，提高学习效率。

本书由林少宏担任主审，段红莲、金晓梅担任主编，王成强、张霞、李仙仙、刘星文、刘利莉担任副主编。由于编者经历和水平有限，书中可能存在疏漏和不妥之处，诚请广大读者批评指正，并将意见及时反馈给我们，以臻完善。

特别说明：

（1）本书在编写过程中，参考了大量的资料并引用了部分文章和图片等。这些引用的资料大部分已获授权，但由于部分资料来自网络，我们未能确认出处，也暂时无法联系到原作者。对此，我们深表歉意，并欢迎原作者随时与我们联系，我们将按规定支付酬劳。

（2）本书没有注明资料来源的案例均为编者自编或根据真实事件改编。

目录

CONTENTS

项目一 职业与职业素养

近年来，我国的城市轨道交通事业得到了快速发展，城市轨道交通客流量逐年增加，乘客的需求也越来越多样化，这对城市轨道交通员工的职业素养提出了更高的要求。城市轨道交通员工应该认识职业和职业素养，在此基础上进行职业选择，并有针对性地提升职业素养，使自己成为一名合格的城市轨道交通员工。

知识目标

- 熟悉职业及工作、事业、工种、岗位的概念。
- 了解职业分类标准，认识城市轨道交通职业分类。
- 掌握职业选择的步骤。
- 了解职业素养的内容与特征，认识提升职业素养的意义。

素质目标

- 了解我国铁路事业开拓者施锡祉的事迹，培育社会责任感和事业心。
- 通过学习城市轨道交通职业分类，培育职业认同感与责任感。
- 确立职业目标，具备良好的执行能力。
- 认识职业素养的重要性，能够对自己的职业素养做出客观评价，并有意识地提升自己的职业素养。

任务一 认识职业

任务导入

小李毕业于某校城市轨道交通运营管理专业，目前在一家城市轨道交通运营企业担任站务员。入职后，她发现这份职业和自己想象中的有所不同。

从前，她一直憧憬着自己每天化好职业妆，盘上长发，穿上端庄的制服，优雅地穿梭在地铁站里，既轻松又体面。然而，实际情况却是：高强度的工作让她整天紧绷着神经，频繁地值夜班使得她疲惫不堪，严格的培训与考核令她心烦意乱，还要随时面临乘客的“刁难”。

在这样的情况下，小李有了辞职的想法，但她不知道自己还能从事什么样的职业、胜任什么样的工作。因此，她感到十分迷茫。

请思考：

（1）小李为什么会陷入这样的困境？她应当如何走出迷茫？

（2）你考虑过自己将来可能会从事哪些职业吗？你了解这些职业吗？

一、职业相关概念

（一）职业的定义

职业是依人们参加社会劳动的性质和形式而划分的社会劳动集团，具有目的性、社会性、稳定性、群体性等特征。

（二）职业与工作、事业

在生活中，人们常常将工作与职业混为一谈。但实际上，两者有着较大的差别。简单来说，工作是一种需要投入精力并持续一定时长的具体活动，而职业包含某领域内一系列相近的工作，并拥有一个作为职业符号的职业名称。例如，城市轨道交通调度员是一个职业名称，这个职业的从业人员需要做的工作有：① 执行运营时刻表；② 指挥和协调行车、供电、环控等岗位的运作；③ 监控系统运行状态，处理紧急事件，调整列车运行。

事业是指人们所从事的，具有一定目标、规模和系统的，对社会发展有影响的经常性

活动。职业是事业的基础，事业是职业的升华，对从业人员的社会责任感提出了更高的要求。一个人可以为了事业而终其一生，不懈努力，并在此过程中获得社会认可，实现自我价值。

工作是职业与事业的组成部分。工作可以使人解决基本的生存与生活问题，职业可以使人提高生活质量、保障生活的稳定，事业可以使人获得成就感。从工作到职业，再到事业，利他性越来越强，需要投入的时间也越来越多。

精神导向牌

施锡祉：将毕生精力献给祖国的铁路建设事业

1914 年 4 月，施锡祉出生在浙江杭州的一个革命家庭。他的父亲施承志是中国近代著名革命家。受家庭影响，施锡祉少年时便已树立起科技救国的理想，且显露出了过人的学习天赋。1938 年，他以优异的成绩从同济大学土木工程系毕业，自此投身中国的铁路建设事业。

1949 年，上海解放后，施锡祉不仅和夫人一起捐献出全部积蓄用于慰劳解放军，而且不顾敌机的轰炸，积极投入铁路和桥梁的抢修工作中。中华人民共和国成立后，施锡祉毅然放弃了在上海的优渥生活，携家人来到百废待兴的北京，支持首都建设。

1958 年，施锡祉接受委派，担任原北京地下铁道工程局总工程师，参与筹划北京地下铁道一期工程的设计与建设工作。北京地铁一期工程于 1969 年 10 月基本建成，于 1971 年 1 月开始试运营。这是我国自行设计、施工的第一条地下铁道。

除工程建设外，施锡祉在引进和研究铁路的先进技术、推动我国铁路工程建设的技术进步等方面同样做出了突出贡献。他国学功底深厚，通晓德、英、俄三种外语，是当时全国屈指可数的铁路工程翻译界的权威专家。他积极学习和借鉴世界各国先进的理论，并结合自己丰富的实践经验与我国铁路建设的实际情况，因地制宜地提出了很多行之有效的技术方案和理论，攻克了不少技术难题。

施锡祉总是亲自深入生产第一线，并与工人同吃、同住、同劳动，受到了工人们的一致好评。有人称赞他说："施锡祉为人谦和，待人宽厚，博学多才，甘于奉献，深受同志们的喜爱和尊敬。"

作为我国铁路事业的开拓者和首都地下铁道事业的奠基人之一，施锡祉先后参与了多项重大铁路工程的设计与建设工作，是铁路建设主力军中的重要一员。他把毕生精力都献给了祖国的铁路建设事业。

（资料来源：中国科普网，作者赵晓林，有改动）

（三）职业与工种、岗位

工种是根据劳动管理需要，按照劳动的性质、工艺技术或服务活动的特点而划分的工作种类。岗位是企业根据生产的实际需要而设置的工作位置。

负责划分职业、工种与岗位的主体有所不同。职业的划分一般由国家劳动行政部门负责组织，国务院各部委和各行业部门参加；工种的划分一般由国家劳动行政部门和行业主管部门负责，部分企业参加；岗位的划分则由各企业自行负责。

职业、工种与岗位之间有着密切的联系：一个职业包括一个或几个工种，一个工种又包括一个或几个岗位。例如，城市轨道交通服务员这一职业包括城市轨道交通站务员、城市轨道交通行车值班员（见图 1-1）等工种，其中，城市轨道交通站务员这一工种又包括客务中心服务员、站厅巡视员、站台安全员等岗位。

图 1-1　城市轨道交通行车值班员

观点换乘站

你知道哪些与你专业相关的职业、工种与岗位？请同学们讨论分享。

二、职业分类

职业分类是指采用一定的标准和方法，依据一定的原则，结合各职业的性质与特征，将相同或相似的职业统一归纳到一定类别系统中的过程。职业分类是形成产业结构概念、进行产业研究的前提，也是对劳动者及其劳动成果进行系统管理的必要条件。此外，职业分类在开发、利用和管理劳动力，提高劳动者素质等方面都发挥着重要作用。

（一）职业分类标准

1986 年，原国家统计局和国家标准局首次颁布了国家标准《职业分类与代码》

（GB/T 6565—1986），开启了我国职业分类标准化的进程。此标准按照从业人员所从事工作性质的同一性，将全国的职业划分为 8 个大类、63 个中类、303 个小类。

1999 年，《中华人民共和国职业分类大典》（以下简称《大典》，见图 1-2）正式颁布实施，这是我国第一部对职业进行科学分类的权威性文件。《大典》的编制与《职业分类代码》的修订同步进行，相互完全兼容。《大典》所确定的职业分类结构包括 4 个层次，即大类、中类、小类和细类，其中细类（即职业）是最基本的类别，部分职业下还列有相关工种。

图 1-2　《中华人民共和国职业分类大典》（1999 年版）

随着经济社会的发展，我国的职业构成也在不断地发展变化。为了适应其变化，相关部门于 2015 年对《大典》进行了第一次全面修订，2022 年，又对其进行了第二次修订。第二次修订后的《大典》将我国的职业分为 8 个大类、79 个中类、449 个小类和 1 636 个细类。其中 8 个大类分别为：① 党的机关、国家机关、群众团体和社会组织、企事业单位负责人；② 专业技术人员；③ 办事人员和有关人员；④ 社会生产服务和生活服务人员；⑤ 农、林、牧、渔业生产及辅助人员；⑥ 生产制造及有关人员；⑦ 军队人员；⑧ 不便分类的其他从业人员。

知识联络线

绿色职业与数字职业

2022 年版《大典》延续了 2015 年版《大典》对绿色职业标注的做法，标注了 134 个绿色职业，占职业总数的 8%。此外，2022 年版《大典》的一大亮点是新增了众多数字职业（共标注了 97 个数字职业，占职业总数的 6%）。

1. 绿色职业

1999 年版《大典》中列入了野生植物保护员、废气处理工等绿色领域的职业，但未对其进行标注。2015 年版《大典》在充分考虑我国社会转型期社会分工的特点、借鉴国际先进经验的基础上，对具有环保、低碳、循环特征的职业活动进行了研究分析，将部分社会认知度较高、具有显著绿色特征的职业标注为绿色职业（标识为 L）。

2022 年版《大典》结合社会职业发展实际状况，对绿色职业进行了进一步丰富和完善，使之基本覆盖了绿色生产生活与生态环境可持续发展的各个方面。其中，铁道运输工程技术人员、轨道交通列车司机等职业被纳入绿色职业范畴。

2. 数字职业

数字转型和技术创新催生了需要新技能和新知识的新职业。2022 年版《大典》中首次标注了数据库运行管理员、工业视觉系统运维员等 97 个数字职业（标识为 S）。其中有 23 个职业既是数字职业，又是绿色职业（标识为 L/S），如大地测量员、碳汇计量评估师、农业数字化技术员等。

（资料来源：搜狐网，有改动）

（二）城市轨道交通职业分类

城市轨道交通是集多专业、多工种于一身的复杂系统，通常由线路、车站、车辆、供电系统、通信与信号系统、机电设备、指挥控制中心（见图 1-3）等组成，需要多个部门、多个工种协同作业，以保障系统的正常运行。各城市轨道交通运营企业的组织架构各不相同，但基本都包括控制中心、客运部门、通信信号部门、工务部门、供电机电部门、车辆部门等。城市轨道交通涉及的职业与工种主要属于社会生产服务和生活服务人员、生产制造及有关人员两大类。表 1-1 为城市轨道交通主要职业与工种。

图 1-3　城市轨道交通指挥控制中心

表 1-1　城市轨道交通主要职业与工种

所属大类	所属中类	所属小类	职业	工种
社会生产服务和生活服务人员	交通运输、仓储物流和邮政业服务人员	轨道交通运输服务人员	轨道交通列车司机	城市轨道交通列车司机
				城市轨道交通工程车司机
			轨道交通调度员	城市轨道交通行车调度员
				城市轨道交通设备调度员
				城市轨道交通车场调度员
			城市轨道交通服务员	城市轨道交通站务员
				城市轨道交通行车值班员
生产制造及有关人员	建筑施工人员	土木工程建筑施工人员	城市轨道交通检修工	城市轨道交通车辆检修工
				城市轨道交通机电检修工
				城市轨道交通线路检修工
				城市轨道交通桥隧检修工
				城市轨道交通站台门检修工
				城市轨道交通自动售检票检修工
		建筑安装施工人员	轨道交通通信工	城市轨道交通通信工
			轨道交通信号工	城市轨道交通信号工

此外，城市轨道交通运营管理还涉及售票值班员、保卫管理员（见图 1-4）等多个职业。每个职业与工种都有具体的工作要求与工作职责，各从业人员应严格遵守，共同保障城市轨道交通系统的正常运行。

图 1-4　城市轨道交通保卫管理员

案例展示窗

新职业开辟就业新空间

2019年以来，人力资源社会保障部会同有关部门发布了5批共74个新职业。不断涌现的新职业，不仅为人们提供了发展新机遇和就业新选择，带动了相关产业快速发展，也体现了新技术、新需求、新趋势，成为观察我国经济发展情况的风向标。

近年来，不少人们以前知之甚少甚至闻所未闻的新就业形态，逐渐演变为标准清晰、任务明确的新职业，不断满足着更加个性化、多元化的美好生活需要。例如，城市轨道交通建设如火如荼开展，城市轨道交通设施不断投入运营，使得城市轨道交通检修工（见图1-5）这一职业应运而生，该职业可为广大城市居民的出行安全提供坚实的保障。

图1-5　城市轨道交通检修工

人力资源社会保障部有关负责人介绍，新职业是在向社会公开征集的基础上，经专家评审、征求相关部门意见、向社会公示后，由人力资源社会保障部等部门联合发布的。新职业的评审标准主要包括社会性、技术性、稳定性等方面内容。社会性主要考察新职业对社会、经济的影响程度，如新职业能否带动更多的劳动力就业；技术性主要考察新职业能否反映新产业、新业态的出现；群体性则主要考量新职业现在的从业人员规模和未来的发展活力。

对劳动力市场而言，新职业的发布意义重大。国家对新职业进行征集、规范，并加以公布，可以提高新职业的社会认同度和公信力，满足人力资源市场的需要，从而促进劳动者就业创业。

（资料来源：《人民日报》，作者李心萍，有改动）

三、职业选择

性格类型与职业选择

职业选择是一个人职业生涯的开始，也是一个人实现人生价值的开始，是人生的重要抉择之一，需要认真对待。职业选择可以遵循以下几个步骤进行。

（一）进行自我评估

在选择职业时，首先要对自己进行全面分析，进而更加深入地认识和了解自己，准确地进行自我定位。自我评估应客观、全面。自我评估的内容包括兴趣、特长、性格、学识、技能、情商，以及组织、管理、协调等能力。

（二）进行环境分析

在进行自我评估后，还需要分析职业环境，从而了解环境对个人职业发展的作用与影响，以便更好地选择职业方向，确立职业目标。环境分析的内容包括社会环境分析、职业环境分析、岗位环境分析等。

（三）选择职业方向

职业方向可以分为横向发展方向与纵向发展方向。职业的横向发展即同一层次不同岗位间的调动。例如，从行车值班员到客运值班员，从技术研发工程师到项目管理工程师等。横向发展可以拓宽从业人员的视野，有利于其积累不同岗位的工作经验，从而不断提升个人的综合职业素养。

职业的纵向发展即职位等级的晋升，如从站务员（见图 1-6）到值班站长，从工程师到总工程师，等等。纵向发展强调的是工作责任的由小到大、工作内容的由浅到深、工作能力的由低到高。

图 1-6　站务员

在选择职业方向时，要综合考虑职业的横向发展方向与纵向发展方向，结合自我评估与环境分析结果，确认自己想要往哪个方向发展、能够往哪个方向发展，并以此为基础确立职业目标。

思维调度室

你想要从事的职业有哪些横向发展方向与纵向发展方向？

（四）确立职业目标

坚定的目标是成功的驱动力。职业目标可以分为长期目标、中期目标与短期目标。一般而言，在做出职业选择时，首先需要根据自身条件与社会发展趋势等确立长期目标，再将长期目标细分，根据个人经历、所处环境与职业方向，确立中期目标与短期目标。

（五）制订职业行动方案

千里之行，始于足下。在确立了职业目标后，需要基于主客观因素，制订一套科学合理、具体可行的行动方案，明确为实现职业目标所需要具备的技能，确定开展工作的方法、步骤和具体措施等。

案例展示窗

明确目标，有的放矢

小王是一名城市轨道交通运营管理专业的学生。他对本专业很感兴趣，经过职业测评与市场调查，决定毕业后从事城市轨道交通运营企业的经营与管理工作。他将长期目标确立为成为城市轨道交通运营企业客运部门经理，中期目标确立为成为车站值班站长。为了实现长期目标与中期目标，他为自己确立了短期目标，并制订了详细的行动方案，如表 1-2 所示。

表 1-2　短期目标与行动方案

短期目标	行动方案
通过英语四级	购买复习资料，每天早起记 50 个英语单词，练习 1 小时听力，阅读 2 篇外文期刊
每学期的期末考试成绩进入专业前三名	课前做好预习，课上积极参与讨论，课后按时完成作业，课余时间在网上自学相关专业知识并做好笔记

（续表）

短期目标	行动方案
锻炼自己的沟通能力和组织领导能力	竞选学生会干部，积极参加班级和学校组织的各项活动
掌握企业管理相关理论知识	课余时间自学工商管理专业课程
毕业后成为一名城市轨道交通站务员	积极参加校园招聘，进入本市城市轨道交通运营企业

任务实施

职业案例分享

（1）全班学生自由分组，每组 6～8 人。

（2）各组成员结合所学专业，查阅相关资料，找出与本专业相关的职业与工种，列出各工种所包含的岗位。

（3）以表格形式呈现与本专业相关的职业、工种及各工种所包含的岗位，然后从中选择一个岗位，查找关于该岗位优秀员工的案例，并总结该岗位员工的工作职责。

（4）将所有成果制作成 PPT，选一名代表上台讲解。

（5）教师组织学生讨论，并对学生的任务实施情况进行点评。

任务二 认识职业素养

任务导入

某天下午 13:58，上海地铁 10 号线新天地车站因电缆维修造成供电缺失。此时，1016 号列车在豫园站出站后显示无速度码，司机随即向 10 号线调度控制中心报告，行车调度员命令 1016 号列车以手动限速方式向下行方向老西门站运行。

14:00，1016 号列车在豫园站至老西门站区间遇红灯停车，行车调度员命令停车待命。14:01，行车调度员开始进行列车定位。14:08，行车调度员在未准确定位故障

区间内全部列车位置的情况下，违规发布了调度命令；接车站值班员在未严格确认区间线路是否空闲的情况下，违规同意了发车站的要求。

14:35 分，1005 号列车从豫园站发车。14:37，1005 号列车行进到豫园站至老西门站区间弯道时，司机发现前方有列车（1016 号列车）停留，随即采取制动措施，但由于惯性，1005 号列车仍与 1016 号列车追尾，造成 200 余名乘客受伤。

（资料来源：中共上海市纪委 上海市监察委员会网站，有改动）

请思考：职业素养包括哪些内容？此次事故体现了相关工作人员哪些职业素养的缺失？

一、职业素养的内容

职业素养是指职业的内在规范和要求，是从业人员在开展职业活动的过程中表现出来的综合品质。良好的职业素养是用人单位选用人才的重要标准，也是个人事业成功的基础。

职业素养可以分为隐性职业素养和显性职业素养。其中，隐性职业素养主要包括职业意识、职业道德、职业心态等，是职业素养的核心和基础，虽然难以被直接感知，但是对个人的外在行为表现起着关键作用；显性职业素养主要包括能力素养、行为素养、专业素养等，是职业素养的外显部分，通常有明确的培养与约束方式，可以通过考核的方式来验证。

（一）隐性职业素养

1. 职业意识

职业意识是指从业人员对于职业的观念形态，包括对职业的看法、理解、评价等。职业意识是隐性职业素养的基础，对从业人员的职业行为起着支配与调节作用。

观点换乘站

城市轨道交通员工应当具备哪些职业意识？请发表你的看法。

2. 职业道德

职业道德是指从业人员在职业活动中应遵循的道德，是社会一般道德在职业活动中的具体体现。职业道德是隐性职业素养的核心，也是社会道德体系的重要组成部分。

3. 职业心态

职业心态是指从业人员在开展职业活动时根据职业需求表露出的心理感情，既有正面

的，也有负面的。正面的职业心态不仅可以促进职业生涯的发展，而且有益于个人的身心健康。

（二）显性职业素养

1. 能力素养

能力是指个人在达成一个目标或完成一项任务的过程中所体现出来的综合素质。任何活动的顺利开展，都要求活动组织者具备一定的能力，该能力直接影响着活动的效率，职业活动也不例外。职业能力素养就是能够满足职业活动要求、提高职业活动效率的能力条件，包括沟通能力、学习能力、执行能力、合作能力、创新能力等。

2. 行为素养

职业行为是指对职业的认识、评价、情感、态度等心理过程的行为反映，由从业人员自身条件、职业环境、职业要求等要素共同决定，通常受到行业规范、企业制度的约束，且各行业都有约定俗成的行为习惯。职业行为素养是显性职业素养的最直接表现，拥有良好职业行为素养的从业人员能够严格遵守职业礼仪，养成良好的职业习惯。

3. 专业素养

专业素养是指从业人员对其所从事的职业所需的专业知识与专业技能的掌握程度，是显性职业素养中最具针对性的部分。专业素养是个人职业发展的前提条件，职业发展的过程也是个人专业素养提升的过程。

二、职业素养的特征

职业素养具有职业性、稳定性、整体性、发展性等特征。

（一）职业性

随着社会的发展，社会分工越来越细，职业的种类越来越多，职业的专业性越来越强。不同职业对从业人员的职业素养有不同的要求。职业素养主要体现在从业人员遵循职业要求，在掌握一定的专业知识和专业技能的基础上表现出来的工作作风和职业习惯。

（二）稳定性

职业素养是在长期的职业活动中，经过实践、认识、再实践、再认识后形成的。职业素养一旦形成，便会产生较强的稳定性，并随着工作经验的不断丰富而变得更加稳固。

（三）整体性

职业素养是一系列具体素养的集合，因此对从业人员的职业素养进行评价时，要从整

体出发。例如，如果某城市轨道交通员工的职业能力较强，但职业道德水平较低，则不能片面地认为此人具有良好的职业素养。

观点换乘站

有人认为，要想在职场上获得成功，最应具备的职业素养是专业素养，其他职业素养如职业意识、职业道德等，可以在取得一定职业成就后再慢慢提升。你认为这种观念对吗？请发表你的看法。

（四）发展性

职业素养的发展性具体体现在两个方面：一是随着社会的发展，新的职业、工种或岗位不断出现，各自都有相应的新的职业素养要求；二是同一职业、工种或岗位会随着自身的发展产生新的职业素养要求。因此，城市轨道交通员工必须关注、适应时代的发展，不断提升自己的职业素养。

三、提升职业素养的意义

（一）提高个人就业竞争力

在追求高效率的现代社会中，用人单位对人才的要求越来越高，具备良好职业素养的从业人员在就业竞争中更容易获得用人单位的青睐。此外，从个人职业发展的角度看，职业素养较高的从业人员有较强的可塑性，能在工作岗位上发挥出更大的潜能，进而获得更多的职业发展机会。

（二）促进企业良好发展

从企业发展的角度看，员工的职业素养越高，企业需要投入的管理成本越少。因此，提升员工的职业素养能够帮助企业节省管理成本，提高生产经营效率，进而促进企业发展目标的实现。同时，具有良好职业素养的员工还可以促使企业内部形成良好的团队合作氛围，增强企业的凝聚力，从而推动企业不断创新、不断进步。

（三）促进社会发展进步

职业素养既关乎个人与企业的发展，也关乎整个社会的和谐与进步。从业人员职业素养的提升，可以促进个人之间、社会上的各组织之间实现良性竞争，有利于社会经济的可持续发展。

扫一扫

有效提升职业素养的途径

观点换乘站

个人的职业素养会受到哪些因素的影响？对于学生来说，有哪些提升职业素养的途径？请发表你的看法。

任务实施

个人职业素养分析与讨论

（1）全班学生自由分组，每组 6～8 人。

（2）各组成员结合所学专业，分析从事与本专业相关的职业需要具备哪些职业素养。

（3）各组成员结合自身条件与想从事的职业，对自己的隐性职业素养与显性职业素养进行评价，并提出改进方案，在组内进行讨论。

（4）将分析与讨论结果制作成 PPT，选一名代表上台讲解。

（5）教师组织学生讨论，并对学生的任务实施情况进行点评。

项目总结

职业是一种持续性社会活动，与工作、事业、工种、岗位等有较强的关联性，但侧重点各不相同。人们可以按照一定的标准和方法，依据一定的原则对职业进行分类。《中华人民共和国职业分类大典（2022 年版）》将我国的职业分为 8 个大类、79 个中类、449 个小类和 1 636 个细类，其中与城市轨道交通相关的职业有轨道交通列车司机、轨道交通调度员、城市轨道交通服务员等。面对如此多的职业类别，从业人员在进行职业选择时，需要遵循正确的步骤，做出合理的决策。

职业素养可以分为隐性职业素养与显性职业素养。隐性职业素养包括职业意识、职业道德、职业心态等，是职业素养的核心和基础；显性职业素养包括能力素养、行为素养、专业素养等，是职业素养的外显部分。职业素养具有职业性、稳定性、整体性、发展性等特征。提升职业素养不仅可以提高个人就业竞争力、促进企业良好发展，还可以促进社会发展进步。

学习成果检测

1. 选择题

（1）一个职业包括一个或几个工种，一个工种又包括一个或几个（　　）。

A．工作　　B．岗位

C．事业　　D．专业

（2）《中华人民共和国职业分类大典》所确定的职业分类结构包括（　　）个层次。

A．2　　B．3

C．4　　D．5

（3）在进行职业选择时，首先要（　　）。

A．进行自我评估　　B．进行环境分析

C．选择职业方向　　D．确立职业目标

（4）（　　）是隐性职业素养的基础，对从业人员的职业行为起着支配与调节作用。

A．职业意识　　B．职业道德

C．职业心态　　D．职业能力

2. 填空题

（1）____________是指人们所从事的，具有一定目标、规模和系统的，对社会发展有影响的经常性活动。

（2）城市轨道交通涉及的职业与工种主要属于________________________________、生产制造及有关人员两大类。

（3）职业方向可以分为____________与____________。

（4）显性职业素养包括________素养、________素养、________素养等。

3. 简答题

（1）简述职业与工作、事业、工种、岗位等概念的联系。

（2）简述职业选择的步骤。

（3）提升职业素养有哪些意义？

学习成果评价

请进行学习成果评价，并将评价结果填入表 1-3 中。

表 1-3　学习成果评价表

<table>
<tr><td>班级</td><td></td><td>组号</td><td></td><td>日期</td><td></td></tr>
<tr><td>姓名</td><td></td><td>学号</td><td></td><td>指导教师</td><td></td></tr>
<tr><td>项目名称</td><td colspan="5">职业与职业素养</td></tr>
<tr><td>评价项目</td><td colspan="3">评价内容</td><td>满分</td><td>评分</td></tr>
<tr><td rowspan="6">理论知识
（40%）</td><td colspan="3">职业相关概念</td><td>6</td><td></td></tr>
<tr><td colspan="3">职业分类</td><td>6</td><td></td></tr>
<tr><td colspan="3">职业选择</td><td>8</td><td></td></tr>
<tr><td colspan="3">职业素养的内容</td><td>8</td><td></td></tr>
<tr><td colspan="3">职业素养的特征</td><td>6</td><td></td></tr>
<tr><td colspan="3">提升职业素养的意义</td><td>6</td><td></td></tr>
<tr><td rowspan="2">实践技能
（40%）</td><td colspan="3">能够按照正确的步骤进行职业选择</td><td>20</td><td></td></tr>
<tr><td colspan="3">能够对自己的职业素养做出客观评价</td><td>20</td><td></td></tr>
<tr><td rowspan="4">综合素养
（20%）</td><td colspan="3">积极参加教学活动，主动学习、思考、讨论</td><td>5</td><td></td></tr>
<tr><td colspan="3">具有社会责任感和事业心</td><td>5</td><td></td></tr>
<tr><td colspan="3">具有清晰的、长期的职业目标</td><td>5</td><td></td></tr>
<tr><td colspan="3">认识到职业素养的重要性，并有意识地提升自己的职业素养</td><td>5</td><td></td></tr>
<tr><td colspan="4">合计</td><td>100</td><td></td></tr>
<tr><td>自我评价</td><td colspan="5"></td></tr>
<tr><td>教师评价</td><td colspan="5"></td></tr>
</table>

项目二

城市轨道交通员工隐性职业素养

隐性职业素养是职业素养的核心和基础，是显性职业素养的内驱动力，对个人的职业素养水平起到了决定性作用。良好的隐性职业素养是个人职业生涯可持续发展的动力源泉。城市轨道交通行业作为服务性行业，对从业人员的隐性职业素养有着更高的要求。城市轨道交通员工应当树立正确的职业意识，培育高尚的职业道德，并摆正自己的职业心态，为全面提高能力素养、行为素养与专业素养奠定良好的基础。

知识目标

- 了解职业意识与职业道德的作用。
- 掌握城市轨道交通员工应当具备的各种职业意识与职业道德。
- 认识负面职业心态及其危害。
- 了解职业心态的调整方法。
- 掌握城市轨道交通员工应当具备的各种正面职业心态。

素质目标

- 了解全国劳动模范姚婕的事迹，培育职业认同感与职业荣誉感，践行热情服务、奉献社会的职业道德。
- 在工作中能够积极调整负面职业心态，规避其带来的不良影响。
- 认识到职业意识、职业道德与职业心态的重要性，主动提升自己的隐性职业素养。

任务一　树立职业意识

任务导入

某天，北京地铁西单站值班站长在站台巡视时，发现一台自动扶梯有异响，随即停梯，然后在扶梯的上下两端设置了围栏，并报机电人员维修。机电人员到达现场后，对扶梯故障进行了处理，开启了扶梯试运转。看到扶梯运转正常，该机电人员便向车站工作人员报告维修完毕。

报告后，机电人员在扶梯仍处于运行状态的情况下，打开了扶梯下方的围栏，但未打开扶梯上方的围栏。列车进站后，有些出站的乘客乘坐这台扶梯上行。由于上方围栏未打开，扶梯上出现拥堵现象，造成了乘客被挤伤。

请思考：城市轨道交通员工应当具备哪些职业意识？此次事故体现了相关工作人员哪些职业意识的缺失？

一、职业意识的作用

意识是物质的反映，同时对物质有重要的反作用，即意识具有能动作用。这种能动作用不仅对个人的职业生涯有着巨大的影响，而且对企业和社会的发展起着重要的促进作用。

（一）对个人的作用

1. 引导职业准备

一些学生在步入社会前，缺乏职业意识，对职业的认识较为模糊，导致职业定位不明确，就业准备不充分。在职业准备阶段，拥有良好的职业意识可以帮助个人尽早确立职业目标，把握就业机会，并有针对性地提高综合素质与能力，为职业生涯的发展奠定良好的基础。

2. 影响职业选择

职业意识是影响个人职业选择的重要因素。职业意识包含对不同职业形象（见图 2-1）的印象和对不同职业的评价，这些印象与评价在很大程度上决定了个人的职业选择方向。

图 2-1　不同职业形象

观点换乘站

你对不同职业的城市轨道交通员工有哪些印象与评价？这些印象与评价会不会影响你的职业选择？请发表你的看法。

3．指导职业行为

意识活动具有创造性，并且能够指导实践，改造客观世界。在职业活动中，职业意识对职业行为有着重要的指导作用。良好的职业意识可以激发员工的潜力，增强其职业行为能力，并促使其养成良好的行为习惯。

4．引领职业发展

职业意识是职业认同感与归属感产生的源泉，也是个人培育职业道德、发挥职业能力的前提条件。良好的职业意识有助于员工在职业中找准自己的定位，并全面施展自己的才能，引领职业生涯的发展。

（二）对企业的作用

对于某个具体的职业来说，职业意识是该职业在长期发展过程中所形成的管理思想、管理方式，以及与之相适应的思维方式与行为规范的反映。职业意识对企业的可持续发展有着重要的保障与促进作用。现代企业管理经历了从注重劳动结果到强调行为规范，再到注重培养员工职业意识的转变，体现了以人为核心的管理理念和培养员工职业意识的重要性。培养员工的职业意识，有利于充分挖掘员工的潜力，增强员工的凝聚力，提高员工的工作效率与企业的管理效率，进而增强企业的竞争力，促进企业经济效益增长。

（三）对社会的作用

职业意识对社会的和谐稳定发展有着重要的保障与促进作用。如果每个人都能在正确职业意识的引领下，做到热爱本职工作，认真做好本职工作，就能极大地促进社会和谐，推动社会进步。

二、城市轨道交通员工职业意识

不同职业所需要的职业意识既有共同的部分，也有不同的部分。所有职业共有的、被广大从业人员普遍认可的职业意识，称为共同职业意识。符合某个职业、岗位特殊要求的职业意识，称为特殊职业意识。综合城市轨道交通相关职业的共同性与特殊性，可以总结出城市轨道交通员工应具备的职业意识有责任意识、安全意识、服务意识、竞争意识、细节意识、学习意识等。

（一）责任意识

责任是指个人分内应做的事，来自对他人的承诺、职业要求、道德规范和法律法规的约束等。责任随着个人的社会角色不同而不同，只有每个人都认真地承担起自己应当承担的责任，社会才能和谐运转、持续发展。责任意识是指一个人能够认清自身角色所需要承担的责任，并能自觉地履行责任、承担行为后果的意识。

对于城市轨道交通员工来说，责任意识要求每个员工立足岗位，尽心尽力做好本职工作，在保障城市轨道交通系统顺利运行的同时，提高服务质量，提升乘客的出行体验。员工要清晰地认识到自己的岗位职责，积极承担并履行自己的责任，并通过自身行为影响和带动周围的人，营造人人有责、人人负责的良好氛围。

素养检修段

根据下面的测试题进行责任意识测试，并与同学讨论测试结果，谈谈自己的感想。

（1）你认为自己是否可靠？　□是　□否

（2）与人约会时，你通常会准时赴约吗？　□是　□否

（3）你会未雨绸缪、事先做好准备吗？　□是　□否

（4）发现亲戚朋友有违法犯罪行为，你会通知警察吗？　□是　□否

（5）外出找不到垃圾桶时，你会乱扔垃圾吗？　□是　□否

（6）你会控制自己不吃或少吃有害健康的食物吗？　□是　□否

（7）你会经常运动吗？ □是 □否

（8）你会先完成工作或学习上的事务，再进行休闲娱乐活动吗？ □是 □否

（9）收到别人的信息，你总会及时回复吗？ □是 □否

（10）你一直是个遵纪守法的人吗？ □是 □否

（11）上学时，你总是会按时完成作业吗？ □是 □否

（12）你在家时会经常做家务吗？ □是 □否

（13）你在学习生活中遇到难题时，会想办法解决吗？ □是 □否

（14）跟你有一定的相关性，但并未明确规定是你职责内的事，你也会做吗？

□是 □否

（15）“既然决定做一件事，就要把它做好。”你相信这句话吗？ □是 □否

以上题目，选“是”计1分，选“否”计0分。

如果得分在13～15分，则说明你是一个非常有责任意识的人，你行事谨慎、懂礼貌、为人可靠，并且相当诚实；如果得分在10～12分，则说明大多数情况下，你都有较强的责任意识，只是偶尔率性而为，考虑欠周到；如果得分在4～9分，则说明你的责任意识有所欠缺，这将会使你难以得到大家的充分信任；如果得分在0～3分，则说明你是个很不负责的人，经常逃避责任，这对你未来的职业发展十分不利。

（二）安全意识

城市轨道交通
安全事故防范

安全意识是个人在生产活动中树立起的一种观念，具有这种观念的人可以对容易造成伤害的外在环境条件产生戒备心理，并有较高的警觉性。

城市轨道交通安全工作关乎国家、企业和个人的利益，意义重大。一旦城市轨道交通出现安全问题，广大乘客的生命健康、财产安全都将难以保障，整个城市轨道交通系统也可能陷入瘫痪状态，使国家经济遭受严重损失。城市轨道交通员工一定要强化安全意识，树立“安全第一、预防为主”理念，牢牢掌握安全工作的主动权。

“安全第一”是做好一切工作的前提。在职业活动中，城市轨道交通员工要时刻把安全问题放在首位，这不仅是对自己负责的表现，也是对他人、对企业负责的表现。

“预防为主”是实现“安全第一”的前提条件，也是践行“安全第一”的重要手段与方法。城市轨道交通员工应积极探索规律，采取行之有效的预防与控制措施，防患于未然，或将危险消灭在萌芽状态。

此外，自我保护意识也是安全意识的重要组成部分。城市轨道交通员工要学会自我保护，遇到危险时，在保护好自身生命安全的前提下尽力帮助他人。

知识联络线

危害城市轨道交通运营安全的行为

城市轨道交通员工在看到有人做出以下危害城市轨道交通运营安全的行为时，应立即上前制止：

（1）攀爬或者跨越围栏、护栏、护网等。

（2）擅自操作有警示标志的按钮和开关装置，在非紧急状态下动用紧急装置（见图 2-2）。

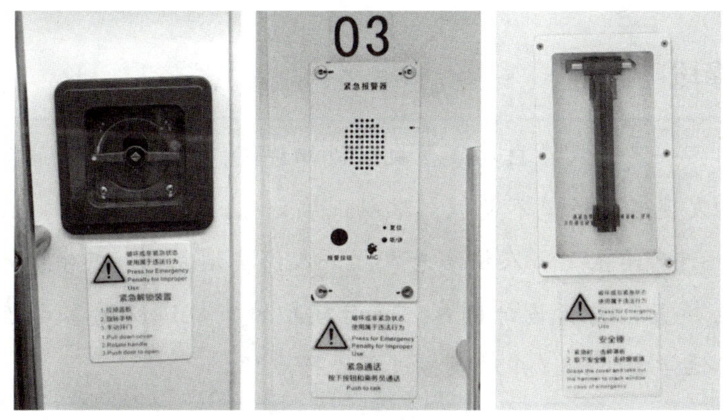

图 2-2　紧急装置

（3）在车站出入口 5 米范围内停放车辆、乱设摊点等。

（4）在车站出入口、通风亭、变电站、冷却塔周边躺卧，或堆放和晾晒物品。

（5）在通风口、车站出入口 50 米范围内存放有毒物品、易燃物品、易爆物品、放射性物品和腐蚀性物品等。

（6）在露天线路两侧各 100 米范围内升放风筝、气球等低空漂浮物和无人机等低空飞行器。

（三）服务意识

服务意识是指员工自觉、主动、发自内心地做好服务工作的观念和意愿。城市轨道交通是服务性行业，服务质量是城市轨道交通运营企业的核心竞争力。优质服务不仅可展示员工良好的个人素养，也彰显着企业的高水平管理，对于塑造员工整体形象与提高企业声誉起着至关重要的作用。城市轨道交通员工应当强化服务意识，自觉、主动做好服务工作（见图 2-3），努力提升服务水平。

图 2-3　城市轨道交通服务工作

素养检修段

> 在地铁站内，一名老人在自动售票机前徘徊许久，神色恍惚。站务员看到后，主动上前询问，却发现老人听觉不灵敏，难以正常交流。
>
> 教师挑选 3～5 名学生，一人扮演老人，一人扮演站务员，其余的人扮演其他相关人员。基于以上情景，自行设计剧本，上台模拟城市轨道交通客运值班员的服务流程。教师组织其他学生讨论，并对模拟过程进行点评。

（四）竞争意识

竞争意识是指个人或团体力求压倒或胜过其他人或其他团体的一种心理状态。竞争意识可以使人振奋精神，努力进取，促进事业的发展，它是现代社会中个人、团体乃至国家在发展过程中不可缺少的心态。有竞争的社会才会有活力；有竞争意识的人才会奋发图强，最终实现自己的理想。城市轨道交通员工应当具备竞争意识，在竞争中进步，这不仅对个人职业生涯的发展有所帮助，也有利于企业的发展，乃至国家城市轨道交通事业的发展。

首先，在职业活动中，城市轨道交通员工应当勇于竞争、善于竞争。勇于竞争是指不惧失败，勇敢地参与竞争，其重点在于自信心的培养。只有充满自信，才会不畏惧竞争，始终在竞争中保持激情与战斗力。善于竞争是指城市轨道交通员工应当遵守社会与企业的规范与法则，掌握正确的竞争方法与技巧，公平竞争、合理竞争。

其次，城市轨道交通员工应当培养危机意识。如果安于现状，不思进取，不仅会错失发展的良机，还有可能在竞争中被淘汰。因此，在职业活动中，城市轨道交通员工应当时

刻保持紧迫感，督促自己不断学习进步，提高自身实力，以应对无处不在的竞争。

最后，城市轨道交通员工要保持良好的心态，克服对竞争失败的恐惧心理。有竞争就有失败，只有不断提高自己的抗压能力和适应能力，才能从容应对竞争过程中可能出现的各种挫折与失败。

思维调度室

竞争和合作有什么关系？请谈谈你的看法。

（五）细节意识

小事成就大事，细节决定成败。城市轨道交通工作对细节的要求极高，即使是一个零件的缺失、一个操作手势的失误，都可能造成重大损失。所以城市轨道交通员工要着力培养自己的细节意识，一丝不苟地对待每一件小事，力争把每一个细节做到完美。只有这样，才能在平凡的岗位上创造更大的价值。

（六）学习意识

学如逆水行舟，不进则退。如今，科技发展日新月异，对许多职业产生了巨大的影响。在这种情形下，城市轨道交通员工必须具备较强的学习意识，只有不断地用新知识充实自己，才能在工作中游刃有余。例如，21 世纪初，自动售票系统普及，城市轨道交通票务员需要学会监控自动售票机的售票情况，回收、清点、核对自动售票机内的钱款等；然而近年来，随着移动支付（见图 2-4）在城市轨道交通中的应用，城市轨道交通票务员又需要学会操作相关软件，监控支付数据等。

图 2-4　城市轨道交通移动支付

具备良好的学习意识，就是要求城市轨道交通员工在认识到学习重要性的基础上，以高度的自觉性不断学习。学习之路充满着挑战与艰辛，伴随着各种诱惑，只有一步步战胜它们，增强自主学习意识，树立终身学习理念，才能使事业发展取得长足进步。

树立终身学习理念

任务实施

职业意识分析与讨论

（1）全班学生自由分组，每组 6～8 人。

（2）各组成员结合所学专业，分析责任意识、安全意识、服务意识、竞争意识、细节意识、学习意识在本专业相关职业中的体现，并寻找相应案例加以说明。

（3）各组成员对自己的职业意识做出客观评价，并针对不足之处提出改进方案，在组内进行讨论。

（4）将分析与讨论结果制作成 PPT，选一名代表上台讲解。

（5）教师组织学生讨论，并对学生的任务实施情况进行点评。

任务二 培育职业道德

任务导入

案例一：一名盲人乘客乘火车来到某市，他的亲人因故没能来接站。在列车员的护送下，这名乘客来到了地铁站，向地铁站工作人员说明了情况，并表示只要将他送上地铁车厢就行。该工作人员却说“我们没有这个义务”，拒绝了乘客的请求。

案例二：一名乘客匆匆来到某地铁站的售票窗口，用一张 10 元纸币买了票。匆忙之中，他只拿了找零的 5 元，而没有拿走车票。到了进站口发现自己没拿票后，该乘客返回售票窗口向售票员反映了情况。售票员态度强硬，认为是乘客自己遗失了车票，不予处理。该乘客十分气恼，但因自己急着赶车，只好重新购买了一张票。

请思考：城市轨道交通员工应当具备哪些职业道德？以上两个案例体现了相关工作人员哪些职业道德的缺失？

一、职业道德的作用

职业道德是社会道德体系的重要组成部分，既有社会道德的一般作用，又在职业活动中起到特殊作用，具体体现为调节职业关系、维护企业信誉、促进行业发展、提高社会道德水平等。

（一）调节职业关系

调节职能是职业道德的基本职能。职业道德可以调节从业人员之间的关系，约束从业人员的行为，促使同一行业内的人员团结合作，共同为本行业服务。例如，城市轨道交通员工的职业、工种、岗位各不相同，但在职业道德的约束下，齐心协力，共同维持城市轨道交通系统的高效运行。此外，职业道德也可以调节从业人员与其服务对象之间的关系。例如，有了职业道德的约束，城市轨道交通站务员（见图 2-5）可以为乘客提供更加优质的服务，从而提高乘客对城市轨道交通员工的信任度。

图 2-5　城市轨道交通站务员

（二）维护企业信誉

企业信誉是企业及其产品与服务在社会公众心中的受信任程度，对促进企业发展有着重要意义。企业信誉的提高主要依靠企业产品与服务的质量，而员工良好的职业道德是企业产品与服务质量的最佳保证。由此可见，员工的职业道德对维护企业信誉起到了重要作用。

知识联络线

《城市轨道交通服务质量评价管理办法》

随着我国城市轨道交通事业的快速发展，人民群众对城市轨道交通服务能力和服务品质的要求也越来越高。为了推动城市轨道交通高质量发展，规范城市轨道交通服务质量评价工作，交通运输部发布了《城市轨道交通服务质量评价管理办法》，要求城市轨道交通运营主管部门通过乘客满意度调查等多种形式，定期对运营单位的服务质量进行监督和考评，并将考评结果向社会公布。

（三）促进行业发展

一个行业的发展与从业人员良好的职业操守是分不开的。从业人员只有加强道德自律，恪守职业道德，才能营造公平公正、有效有序的市场环境，进而保证行业的健康、有序发展。

（四）提高社会道德水平

职业道德既是每个从业人员工作态度与价值观的体现，也是一个职业甚至一个行业全体从业人员的道德表现。如果各行各业的从业人员都具备良好的职业道德，就能促进社会道德水平的提高和良好社会风尚的形成。

二、城市轨道交通员工职业道德

2019 年，中共中央、国务院印发了《新时代公民道德建设实施纲要》，提出要把职业道德建设与社会公德、家庭美德、个人品德建设共同作为加强公民道德建设的着力点。在此背景下，城市轨道交通员工要将自己从事的职业与新时代公民道德建设相结合，践行以爱岗敬业、诚实守信、办事公道、热情服务、奉献社会为主要内容的职业道德。

（一）爱岗敬业

1. 爱岗敬业的内涵

爱岗即从业人员热爱自己的工作岗位，以积极的态度对待职业活动，并从职业活动中获取幸福感与荣誉感；敬业即敬重并专心于自己的职业，做到认真、专注和负责，具体表现为忠于职守、尽职尽责、认真负责、一丝不苟、善始善终等。

爱岗与敬业互为前提，相辅相成。爱岗是敬业的基石，敬业是爱岗的升华。不爱岗就很难做到敬业，不敬业则不能说是真正的爱岗。城市轨道交通员工只有做到爱岗敬业，才能在工作中始终保持高度的责任心和事业心，才能在事业上不断取得成功。

2. 爱岗敬业的表现

爱岗敬业具体表现为乐业、勤业与精业。其中，乐业是前提，勤业是根本，精业是动力，三者都包含对从业人员的基本要求与更高要求，如表 2-1 所示。城市轨道交通员工不仅要使自己达到乐业、勤业、精业的基本要求，还要努力达到更高要求，从而真正做到爱岗敬业。

测测你的敬业程度

表 2-1　爱岗敬业的表现与要求

表现	基本要求	更高要求
乐业	对工作抱有浓厚兴趣	将工作视为乐趣，并将其当成生活中不可或缺的内容
勤业	忠于职守，认真、勤奋地做好本职工作	遇到困难时不轻言放弃，具有战胜困难的信心与能力
精业	精通本职工作所需要的技能，并精益求精，力求将工作做得完美	不断有所进步、有所发明、有所创造

案例展示窗

春节的坚守

春节本是万家团圆的日子，但在某城市轨道交通维保项目部，有这么一群人，他们肩负着城市轨道交通的供电、风水电维保、房建设施维保及应急处置工作，主动放弃回乡与家人团聚的机会，毅然坚守在岗位上。

达师傅是项目部的机电检修队长。在他的带领下，大家将每一颗螺丝都拧到合适的位置，将布满灰尘的设备擦拭干净。一阵忙碌下来，每个人的身上、脸上沾满了油污和灰尘。大家相视一笑，明白在这样一个特别的日子里工作，既是使命，也是责任。“这个春节，跟同事们一起度过，很有意义，也很开心。”达师傅笑呵呵地边说边拂去身上的灰尘，精神抖擞。

与此同时，供电维保队长李师傅也在进行着紧张的设备维护工作。验电接地、设置防护，晚上的检修工作才算正式开始。作为一名入职已有 13 年之久的老师傅，他从一名普通员工，一路学习、一路收获，逐渐成长为一名队长。对于在春节仍坚守在工作岗位这件事，他早已习惯。现在的他只想带着这群年轻的同事，认真干好手里的工作。

“爸爸，妈妈说你是地铁的守护者，过年要执行任务不能回家，爸爸超厉害！在外面要保护好自己呀。”在电话里听到女儿的声音，李师傅的眼眶渐渐地红了。“父母妻儿都很支持我的工作，家人理解，我的工作就好干了。我作为地铁维保人，十分荣幸能为市民的出行提供一份保障，也很欣慰女儿因为爸爸感到骄傲。”他说。

（资料来源：中国网，作者徐艳明，有改动）

3．爱岗敬业的要求

城市轨道交通员工要做到爱岗敬业，首先要树立正确的职业观。各职业之间只有工作内容的不同，没有高低贵贱之分。无论从事什么职业，都要以正确的态度面对本职工作，为社会发展与进步贡献自己的力量。

其次，要发掘工作的价值和意义。许多人无法做到爱岗敬业，是因为仅将工作视为谋生手段，而没有发掘其价值和意义。事实上，每份工作都有其独特的价值和意义，如城市轨道交通列车司机（见图 2-6）为城市居民提供了可靠、便捷、舒适的通勤服务，并维系着人民群众的生命安全。城市轨道交通员工只有找到了工作的价值和意义，才能保持对自己所从事职业的热爱与敬重。

图 2-6　城市轨道交通列车司机

最后，要树立长远的职业目标，并将其作为事业的驱动力，在爱岗敬业中实现人生价值。

思维调度室

你想要从事的职业有哪些重要的价值与意义？

（二）诚实守信

1. 诚实守信的内涵

诚实守信是中华民族的传统美德。诚实即诚心待人，不隐瞒自己的真实思想，不掩饰自己的真实情感；守信即遵守诺言，讲信誉，重信用，忠实地履行自己的责任与义务。诚实是守信的思想基础，守信是诚实的外在表现。诚实守信既是做人的基本准则，也是维持、协调人际关系的一项基本要求。

观点换乘站

你知道哪些与诚实守信有关的成语、谚语、典故，或关于企业诚信经营的案例？请同学们讨论分享。

2. 诚实守信的要求

践行诚实守信的职业道德，城市轨道交通员工首先要对企业忠诚，积极做好本职工作，自觉执行企业的各项规章制度，自觉维护企业利益和企业形象；其次，要信任同事，用真诚的态度与同事相处，并在团队合作中实事求是、坚持原则、信守承诺；最后，在与乘客交往的过程中恪守信用，不欺瞒乘客，不弄虚作假，以赢得乘客的信任。

案例展示窗

地铁员工拾金不昧，万元现金完璧归赵

2022 年 9 月 1 日早上，广州地铁 21 号线钟岗站安检员小刘在 D 口安检点附近售票机旁的地面上发现了一个无人认领的环保袋，里边装有万余元现金和手机、社保卡、医疗报告等重要物品。小刘立即通知值班站长到现场处理。值班站长与车站辅警到达现场，并通知值班员播放失物招领广播。

值班站长一边联系民警帮助，一边尝试通过环保袋里的物品寻找失主信息。在未找到失主有效信息后，通过查看车站监控录像，值班站长锁定了丢失该环保袋的乘客，并发现其购买了前往山田站的车票，便立即向山田站的工作人员通知了此事。不久之后，乘客刘先生急匆匆地赶到了钟岗站。值班站长与民警确认刘先生是失主后，便将失物交还到刘先生手中。

（资料来源：《广州日报》，作者章程，有改动）

（三）办事公道

1. 办事公道的内涵

公道即公平、合理。办事公道要求从业人员在职业活动中做到公平、公正、公开，不谋私利，不徇私情，不以权害公，不以私害民，严格按照相关行为准则对待人和事。

2. 办事公道的要求

办事公道的具体要求包括坚持原则、公私分明、平等待人等。

坚持原则要求城市轨道交通员工在法律和纪律要求的范围内行使职权，履行义务。在大是大非面前，城市轨道交通员工要立场坚定，照章办事，行所当行，止所当止，敢于向违反原则的行为说“不”。

公私分明要求城市轨道交通员工不凭借自己手中的职权谋取个人私利，做出损害他人、集体与社会利益的事。公私分明是坚持原则的重要表现，也是正确认识和处理个人与集体、个人与社会关系的基本要求。

平等待人要求城市轨道交通员工在对待不同的服务对象时一视同仁，不因对方的职位、年龄、性别、样貌、贫富或个人好恶而区别对待。

（四）热情服务

1. 热情服务的内涵

热情服务是为人民服务的道德核心在职业道德中的具体体现。作为人民群众中的一员，各行业的从业人员既是为他人提供服务的主体，又是他人服务的对象。因此，每个人都享受他人提供的服务的权利，也承担着为他人服务的义务。这种服务与被服务的关系就是“人人为我、我为人人”的精神在社会生活中的体现。

2. 热情服务的要求

城市轨道交通员工应当践行热情服务的职业道德。城市轨道交通员工不仅要强化服务意识，熟练掌握服务技能，提高为乘客服务的能力，还要在为乘客提供服务时做到主动、周到、文明。

主动即积极承担自己的服务责任。例如，看到老、幼、病、残、孕和抱小孩、携带大件行李等行动不便的乘客（见图 2-7）时，城市轨道交通员工应主动上前，询问其是否需要帮助；看到不清楚如何使用自动售票机的乘客时，城市轨道交通员工应主动协助其购票，或引导其前往人工售票处购票。

图 2-7　行动不便的乘客

周到即运用熟练的技能为乘客提供周全、细致的服务。城市轨道交通员工要急乘客所急，想乘客所想，在充分尊重乘客意愿的前提下尽力满足乘客的需要。

文明即礼貌、亲切、友好、耐心地提供服务。无论自己的心情如何，城市轨道交通员工在面对乘客时都要大方得体、镇定自如，不掺杂个人情绪。此外，还要做到衣冠整洁、举止端庄、谈吐文雅，随时随地展现出良好的精神风貌。

（五）奉献社会

1. 奉献社会的内涵

奉献社会即从业人员把自己的职业活动与社会的进步、国家的发展联系起来，从社会责任的角度看待自己的职业，并且能够为了社会的整体利益与长远利益牺牲个人利益。奉献社会是职业道德的最高要求、最终目标和最高境界，也是职业道德的出发点和归宿。

2. 奉献社会的要求

对于城市轨道交通员工来说，奉献社会不仅需要有崇高的信念，更要有实际的行动。城市轨道交通员工要树立正确的价值观，坚持把公众利益与社会利益摆在第一位；要充分发挥主动性，自觉、自愿地为他人、为社会服务；要从身边的点滴小事做起，在日常的工作、生活中为社会发展贡献力量。

精神导向牌

姚婕：当好乘客的知心人

在人来人往的武汉地铁 2 号线汉口火车站，她总是一脸微笑地接待前来问询的乘客，并悉心解答，10 多年来帮助乘客解决各类问题 2 000 余个，收到全国各地近百名乘客送来的锦旗和感谢信。她就是党的二十大代表、全国劳动模范、武汉地铁

2号线汉口火车站中心站长姚婕。

汉口火车站是一个综合交通枢纽站，也是许多外地乘客搭乘武汉地铁的第一站。南来北往的乘客咨询最多的，就是怎么换乘。为了全面、准确地回答这个问题，姚婕带着班组成员走遍武汉市内100多所高校、60多家公立三甲医院和近20个著名旅游景点，制成“四导图”（导学、导医、导游、导乘），发放给有需要的乘客。

服务要体现在细节上。在姚婕的带领下，汉口火车站创设了全国首个地铁站内的“爱心候车区”（见图2-8），成立雨伞、创可贴、充电宝等物品一应俱全的“姚婕服务站”，还推出了预约出行、母婴无忧等一站式服务。

图2-8　爱心候车区

“地铁服务工作也许很平凡，但一个小小的举动可能影响乘客的一辈子。”姚婕说。2022年3月，一名乘客因母亲不幸遭遇严重车祸需要赶回老家襄阳，她买了武昌站到襄阳的火车票，却因慌张搭错地铁到了汉口站。此时，距离火车发车仅剩40多分钟，然而从汉口站到武昌站，最快需要31分钟。分秒必争，姚婕发动车站工作人员迅速和武昌火车站联系，为这名乘客打开绿色通道。担心乘客不熟悉路线，她全程陪同乘客，一路狂奔，终于在最后一分钟赶上火车。“如果没有你们的帮助，让我搭上车，我就见不到母亲最后一面，留下终身遗憾。”乘客在电话里一再表示感谢。

这件事给姚婕的触动很大，她说：“从事基层服务工作的人要有春蚕、蜡炬般的奉献精神，用有温度的服务、务实的举措，守护乘客的安全出行路。”

作为全国劳动模范，姚婕率领数十名员工打造“劳模班组”，10多年来服务乘客超3亿人次。他们践行“让乘客最多跑一次”的承诺，优化超高儿童购票、异地充值等多项业务办理流程，平均为每位乘客节约5分钟；与公安、公交等单位持续开展共建联建，打造服务共同体，强化精准服务；成立“姚婕志愿服务队”，开展

爱心帮扶、助学、助农等活动。工作以来，姚婕始终扎根地铁一线，坚守在自己的岗位上，持匠心，做小事，惠乘客，暖人心，将自己的全部智慧与力量奉献给武汉地铁，奉献给全体乘客。

（资料来源：湖北文明网，作者李婷，有改动）

任务实施

职业道德演讲比赛

全班学生分组，以城市轨道交通职业道德为主题，举行演讲比赛，每组演讲时间为5分钟。比赛流程如下：

（1）全班学生自由分组，每组6～8人，其中一人为组长。

（2）组长带领小组成员搜集资料，撰写演讲稿。

（3）组内所有成员进行模拟演讲，最终投票选出一名表现最好的成员代表本组参加演讲比赛。

（4）教师担任主持人，组织所有小组进行演讲比赛，并根据表2-2中的评分标准进行评分。教师可以根据评分结果对优秀小组进行奖励。

表2-2 演讲比赛评分标准

评价项目	评分标准	得分
演讲内容（30分）	观点正确、鲜明，主题深刻（10分）	
	角度新颖，选材得当、典型（10分）	
	逻辑严谨，结构清晰，语言生动，说服力强（10分）	
语言表达（35分）	语音：普通话标准，吐字清楚、准确，表述流畅、自然（15分）	
	语调：停顿得当，抑扬顿挫，能准确、恰当地表情达意（15分）	
	语速：演讲流利，节奏富于变化（5分）	
表情动作（20分）	表情和动作准确、自然，能起到渲染气氛、增强表达效果的作用，不矫揉造作	
仪表形象（10分）	服饰大方、自然、得体，举止从容，精神饱满，态度亲切	
演讲时间（5分）	演讲时间为5分钟，少于4分钟或多于6分钟的，每少1分钟或多1分钟扣1分（不满1分钟按1分钟计），扣完5分为止	
总　分		

任务三　摆正职业心态

任务导入

小章从学校毕业后，成为一名城市轨道交通站务员。刚入职时，热心肠的小章总是忙前忙后，看到需要帮助的乘客就主动上前，热情地提供服务。但由于业务技能还不够熟练，加上一些乘客的要求不合理，小章几次吃力不讨好，甚至还被投诉。然而，小章发现那些工作不怎么主动的同事，不仅工作轻松，而且没有被投诉过。于是，小章逐渐变得不再热情，不仅不再主动为乘客提供帮助，对于自己的工作任务也是极力推托，敷衍了事。

请思考：负面职业心态有何危害？小章应如何调整自己的职业心态？

一、负面职业心态及其危害

心态对行为有着巨大的影响。正面职业心态可以促进职业活动的顺利开展，而负面职业心态会阻碍职业活动的开展，影响自己的职业生涯发展与身心健康。下面介绍几种常见的负面职业心态及其危害。

（一）浮躁心态

“浮”是指做事浮于表面，不能深入；“躁”是指脾气急躁，情绪不稳定。浮躁心态具体表现为不安分守己，不能静下心来踏踏实实地工作，而是急于求成，急功近利。

浮躁心态会使人注意力不集中，思维能力降低，难以持续学习，进而进步缓慢、工作效率低下。此外，浮躁心态还会使人沉不住气，容易失去理智，行为冲动、盲目，进而给自己的职业生涯发展带来不利影响。

（二）消极抱怨心态

在职业生涯发展中，每个人都会遇到或大或小的挫折。面对挫折，有人将其归因于个人能力、经验不足，并善于从中吸取教训，借此机会使自己进步；有的人则会产生消极抱怨心态，将挫折怪罪于他人或环境，并在抱怨中止步不前。

具有消极抱怨心态的人经常找借口逃避困难，而不去寻找解决方案，在这种懒惰心理

的作用下，工作效率与质量自然不会高。此外，消极情绪（见图 2-9）也很容易在团队中传播，从而影响团队氛围，阻碍团队工作的开展。

图 2-9　消极情绪

（三）投机取巧心态

投机取巧心态表现为希望取得较好的工作成果，但不愿付出相应的努力，靠小聪明获取回报，甚至使用不正当手段谋取私利。从表面上看，投机取巧可以节约时间与精力，使个人在短期内获得一定利益，但从长远来看，投机取巧心态对职业发展有百害而无一利。

首先，长期投机取巧的人往往过于依赖非正当手段，忽视应当掌握的专业技能，从而导致工作能力退化；其次，投机取巧行为暗合了懒惰这一人性弱点，使人的意志被逐渐消磨，使人失去目标与理想；最后，投机取巧的行为有违公平，甚至可能会损害他人的利益，对人际关系有很大的负面影响。

观点换乘站

你在日常学习、生活中遇到过哪些投机取巧的现象？请同学们讨论分享，并以此警示自我。

（四）好高骛远心态

城市轨道交通员工应当对自己的职业生涯有一定期望，但要基于对自己的清晰认识之上，不能严重偏离实际，产生好高骛远心态。职业活动中的好高骛远心态主要表现在不明确自身的定位，幻想着做高收益、高回报的事，或迅速提升自己的职位，而对日常工作不上心。这种心态会对职业生涯发展产生严重危害。

天下大事，必作于细。好高骛远的人通常不屑于从小事做起，故而做不好小事，最终难成大事。同时，由于做不好小事，在日常工作中没有亮眼的表现，好高骛远的人很难得到他人的认可，并会因此失去很多进步与提升的机会。此外，因为期望值与自身能力不匹配，好高骛远的人极易遇到挫折，并在一次次的打击中逐渐失去自信和工作动力。

（五）冷漠麻木心态

有的员工在职业活动中遭遇了几次挫折后，就会逐渐失去对工作的热情，产生冷漠麻木心态，具体表现为对工作不在乎、不负责，也不注重与他人的交流与合作。冷漠麻木心态会导致责任意识淡薄和沟通意愿下降，不仅会影响个人职业生涯的发展，也会对个人心理健康造成危害。

素养检修段

结合自己的实际情况，完成下面的心态测试，并与同学讨论测试结果，谈谈自己的感想。

（1）你是个容易冲动的人吗？

A. 不是，我在多数情况下比较冷静

B. 偶尔会冲动

C. 我总是控制不住自己的情绪

（2）你怎样看待命运？

A. 相信命运掌握在自己手中，努力就会有好运

B. 命运是可以改变的，但很难

C. 听天由命

（3）你对自己过去的人生感到后悔吗？

A. 我已经尽力了，不后悔

B. 有些遗憾，但可以接受

C. 经常后悔

（4）你如何对待学习成绩不如自己的人？

A. 微笑对待，能帮则帮

B. 尊重他们，但尽量与他们保持距离

C. 颐指气使

(5) 你对待领导的态度是怎样的?

A. 内心尊敬,不卑不亢

B. 尽量讨好

C. 表面讨好,背后议论

(6) 如果你特别想达成一个目标,你会怎样做?

A. 加倍努力

B. 和平时一样,只是想想罢了

C. 认为自己不可能达成目标,并因此郁郁寡欢

(7) 你觉得这个世界会为你改变吗?

A. 不会,但我会自己努力

B. 或许会,不过要看运气

C. 绝对不会

(8) 你尊重自己吗?

A. 我总是坚持原则,尊重自己的内心

B. 一般情况下,我会尊重自己的内心

C. 谈不上

(9) 你认为那些成功人士是靠什么成功的?

A. 大多数是靠自己的努力和奋斗

B. 一半靠实力,一半靠运气

C. 天生含了金钥匙

(10) 你认为什么是幸福?

A. 能够享受生活

B. 有钱有势

C. 随心所欲

(11) 你认为自己是一个什么样的人?

A. 愿意主动改变世界、让世界变得更美好的人

B. 通过改变自己以适应世界的人

C. 等着世界为我改变的人

(12) 你觉得幸福源于什么?

A. 我的努力

B．运气

C．我没有幸福感

（13）你觉得幸福会青睐什么样的人？

A．积极乐观、努力做事的人

B．运气好的人

C．消极悲观、无所事事的人

（14）在学习中，你感到快乐吗？

A．快乐，我很享受学习的过程

B．一般，我对学习没有什么感觉

C．学习让我闷闷不乐

以上题目，选 A 计 3 分，选 B 计 2 分，选 C 计 1 分。

如果总分在32分及以上，则说明你拥有良好的心态，积极乐观，努力进取，既尊重自己，又尊重他人，能够处理好生活与工作中的事务。

如果总分在24～31分，则说明你的心态介于积极和消极之间，你愿意工作但不够努力，希望得到幸福又不付出行动。

如果总分在23分及以下，则说明你存在负面心态，你心情浮躁、爱幻想，总觉得命运对你不公，这些不良心态可能会影响你的身心健康和职业生涯发展。

二、职业心态的调整

心态具有暂时性，极易受外界环境与心理行为的影响而变化。无论是在生活中还是在工作中，客观环境都是难以改变的，每个人能够改变的只有自己的主观条件。城市轨道交通员工在发现自己存在负面职业心态时，需要从自身的心理行为入手，加深职业认识，培养职业情感，了解自己的个性心理特征，从而调整自己的职业心态。

（一）加深职业认识

从业人员拥有良好职业心态的前提是对自己所从事的职业有正确且全面的认识。对于城市轨道交通员工来说，职业认识包括对城市轨道交通的历史、文化与未来发展的认识，对城市轨道交通各岗位（见图 2-10）的认识，对所从事工作的重要性的认识，等等。加深职业认识，有助于城市轨道交通员工消除心理落差，明确职业发展路径，培养职业责任感和敬业精神。

图 2-10　城市轨道交通各岗位

素养检修段

对于自己将要从事的职业，你的认识是否全面？有哪些欠缺的地方？请同学们讨论，查漏补缺，找到改进的方向。

（二）培养职业情感

职业情感是指人们对自己所从事的职业所具有的稳定的态度和体验。积极的职业情感有助于城市轨道交通员工在工作中始终保持良好的心态和坚定的意志，不断激发自己的潜能，实现职业与人生的完美结合。城市轨道交通员工要在加深职业认识的基础上，努力培养积极的职业情感，热爱本职工作，树立职业荣誉感。

（三）了解自己的个性心理特征

职业心态与从业人员的个性心理特征息息相关。个性心理特征是指个体身上表现出来的本质的、稳定的心理特征，包括气质、性格和能力等。每个人的个性心理特征不同，在开展职业活动时，心理活动的强度、速度、稳定性、灵活性等也各不相同。了解自己的个性心理特征，并在此基础上选择职业，可以使城市轨道交通员工在职业活动中更容易获得幸福感和满足感，并正确对待外界环境的影响，自觉调整负面职业心态。

知识联络线

MBTI 性格理论

迈尔斯·布里格斯人格类型测验（Myers-Briggs Type Indicator, MBTI）是一种性格测试方法，主要应用于职业发展、职业咨询、团队建议、婚姻教育等方面，目前在国际上应用较广泛。

MBTI 性格测试

MBTI 性格理论主要通过了解人们在精力支配、认知方式、判断方式和生活方式等四个维度的偏好，对人的性格进行分析。四个维度的具体内容如表 2-3 所示。

表 2-3　MBTI 性格理论的四个维度

维度	具体描述	偏好
精力支配	从哪里获取精力	外倾 E—内倾 I
认知方式	如何获取信息	感觉 S—直觉 N
判断方式	如何做决定	思维 T—情感 F
生活方式	如何应对外部环境	判断 J—知觉 P

每个维度有两个方向，两两组合，可以组合成 16 种性格类型。研究者认为，MBTI 性格类型与职业之间存在一定的匹配关系。例如，SJ 性格类型的人适合担任组织管理者，而 NF 性格类型的人则适合从事文学创作、教育等方面的工作。但这种匹配关系不是绝对的，人的性格具有很强的可塑性，长期的职业磨砺有可能改变人的性格，使其朝着有利于职业成功的方向发展。

三、城市轨道交通员工正面职业心态

城市轨道交通员工应当学会用积极、正面的心态武装自己，规避负面职业心态带来的危害。具体来说，城市轨道交通员工应当具备的正面职业心态有积极心态、执着心态、担当心态等。

（一）积极心态

积极心态是个人对外部环境表现出的积极、正向、稳定的心理倾向。

1. 积极心态的作用

积极心态可以激发个人的行动能力。在工作中遇到困难时，拥有积极心态的人首先想到的不是逃避，而是迎难而上，想办法解决问题。长此以往，他们就能在丰富的实践经历中逐步积累工作经验，稳步提升工作能力。

积极心态有助于提高工作效率与质量。拥有积极心态的人不会把时间浪费在抱怨、逃避或投机取巧上，而是踏踏实实、按部就班地做好本职工作，提高时间的利用率。

积极心态有助于建立良好的人际关系。在旁人看来，拥有积极心态的人开朗、好相处，从而愿意与其交往。可见，保持积极心态有利于加强合作，提高团队凝聚力与合作效率。对于城市轨道交通员工来说，积极心态还可以促使自己主动服务、热情服务（见图 2-11），从而增强自己的亲和力，拉近自己与乘客之间的距离。

图 2-11　热情服务

积极心态能够提高个人的抗打击能力。人们在遇到挫折与失败时，会不可避免地产生负面情绪。但是拥有积极心态的人能够快速地从负面情绪中走出来，在挫折与失败中发现有益的一面，总结经验教训，不被困难击倒。

积极心态可以帮助个人把握机遇。每个人在职业活动中难免会遇到难题，这些难题既是挑战，也是机遇。积极心态可以激励城市轨道交通员工主动应对挑战，并从中发掘机遇、把握机遇。

2. 积极心态的培养

要培养积极心态，首先要通过行动建立自信心。困难的可怕之处不是来源于困难本身，而是来源于人的恐惧心理。只要克服这种恐惧心理，勇敢地行动起来，充分发挥自己的主观能动性，许多难题就会迎刃而解。在此过程中，自信心会逐步建立，个人的行动力会得到进一步提高，形成良性循环。

其次，要多和拥有积极心态的人交往。人的心态极易受到他人的影响，要想培养并保

持积极的心态，就要慎重选择交往对象。同时，自己也要主动以积极心态与他人进行互动，互相影响，共同进步。

最后，要进行积极的自我暗示。自我暗示即通过主观想象某种特殊的人或事物进行自我刺激，以达到改变行为和主观经验的目的。城市轨道交通员工在职业活动中可以通过文字、语言等时刻提示自己，有效地培养积极心态。

知识联络线

自我暗示的三个层次

1. 语言、文字暗示

语言与文字是进行自我暗示的初级工具。例如，城市轨道交通员工在遇到困难时，可通过默念“我很勇敢”“我会成功”“我是最棒的”等句子来激励和鼓舞自己。

2. 动作、表情暗示

动作与表情是传递信息的重要媒介，且具有强烈的暗示作用。例如，城市轨道交通员工在紧张不安或情绪不佳时，可通过对着镜子微笑来驱散焦虑和烦恼。

3. 环境暗示

每个人都生活在一定的环境之中，不可避免地接受环境的暗示。因此，营造良好的生活、工作环境，对培养积极心态具有重要作用。

（二）执着心态

执着心态表现为个体具有坚定的信念、必胜的信心与锲而不舍的决心，对目标不懈追求、永不放弃。

1. 执着心态的作用

执着心态可以磨炼一个人的意志。拥有执着心态的人不畏失败，并且能在一次次失败的磨砺下不断增强意志力。

执着心态可以增强一个人的执行能力。拥有执着心态的人在确立目标后，就会立即行动，即使遇到困难也会设法解决，不会退缩。

2. 执着心态的培养

要培养执着心态，首先需要确立目标。执着与目标是紧密联系的，执着是为了实现目标而坚持不懈的一种态度，没有目标，执着就无从谈起。

培养执着心态要从小事做起。任何伟大的事业都是由一件件小事积累而成的。因此，在确立目标后，要制订详细的行动方案并执行，在一次次微小的成功中获得满足感，增强

自信心，坚定决心。

培养执着心态需要有正确的方向。执着并非固执，在确立目标时，需要结合现实对目标的合理性进行评估；在执行行动方案的过程中，要审时度势，遇到困难时既不能畏缩不前，也不能急躁冒进，而要冷静分析，寻找正确的突破口；解决困难之后，也要认真总结经验，吸取教训，并视情况调整后续的努力方向。

观点换乘站

有人认为，“精诚所至，金石为开”，只要坚持去做，什么困难都能解决；也有人认为，“力能则进，否则退，量力而行”，要在自己的能力范围内去做事，不能勉强。你赞成哪种观点？请发表你的看法。

（三）担当心态

担当心态即勇于承担责任的心理状态，是责任意识与奉献精神的综合体现。

1. 担当心态的作用

担当心态可以提高个人能力。在面对复杂的、辛苦的工作时，缺乏担当心态的人往往会选择逃避，失去锻炼的机会，最终导致自己的工作能力停滞不前甚至下降；而拥有担当心态的人往往能够克服逃避心理，在完成工作的过程中积累经验、提高个人能力。

担当心态可以使个人获得更加广阔的发展空间。拥有担当心态的人不仅能够脚踏实地地做好本职工作，而且能够积极进取，勇于开拓，在钻研与挑战中获得更加广阔的发展空间。

担当心态可以使人赢得更多的信任与尊重。拥有担当心态的人不会推卸责任，在他人有需要时能够主动伸出援手，使他人乐于与之交往。对于城市轨道交通员工来说，只有拥有了担当心态，在遇到突发事件（见图 2-12）时，才能无惧无畏，挺身而出，保障乘客的生命财产安全。

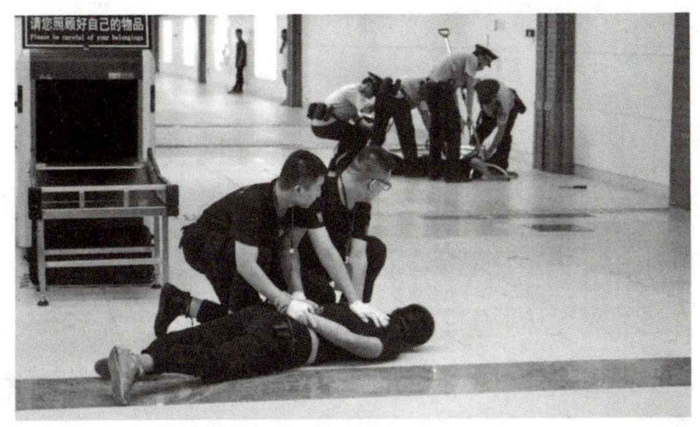

图 2-12　突发事件（演练）

案例展示窗

危急时刻显担当

胡师傅是武汉地铁 2 号线金银潭站的一名保安。一天，他正在值班时，看到一位老人拉着行李箱，领着一个一岁多的孩子准备下楼梯搭乘地铁。然而，孩子在楼梯前踏出第一步时没有站稳，眼看就要往楼梯下扑倒。

站在五六米之外的胡师傅看到这一幕，立即一个箭步冲了上去，在将孩子拉回来的同时，自己却一头栽了下去，连滚了两个跟头，摔在了楼梯中段的平台上。他的眉骨处皮开肉绽、血流如注，制服也很快被血染红了。孩子因为胡师傅及时出手相救安然无恙。

事发后，同事们迅速将胡师傅送往医院。胡师傅病情稳定后，金银潭站的工作人员到医院，为胡师傅送上了慰问金和锦旗表达敬意。胡师傅表示，自己只是尽了一名城市轨道交通员工应尽的职责，避免了一场意外。

（资料来源：《武汉晚报》，作者张全录，有改动）

2. 担当心态的培养

培养担当心态的前提是明确自己的职责。只有明确职责，才能更好地履行职责，充分发挥自己的能力，并在此基础上进一步担当更多的责任。

培养担当心态需要加强自我教育。家庭、学校、社会的教育是影响担当心态的外部因素，对担当心态的培养起着重要的导向作用；而自我教育则是影响担当心态的内部因素，对担当心态的培养起着决定性作用。城市轨道交通员工应当加强自我教育，通过自我学习、自我反省、自我约束、自我完善，培养自己的担当心态，并将其转化为实际行动。

（四）其他心态

1. 感恩心态

知恩、感恩、报恩是中华民族的传统美德。城市轨道交通员工只有常怀感恩心态，才能获得源源不断的满足感，使自己在面对环境变化、遇到困难时能够沉着冷静。

首先要感恩国家和社会。我国城市轨道交通行业从零起步，用了短短几十年的时间走到了世界的前列，这是国家综合国力提升的体现，也是社会各界人士共同努力的结果。只有国家繁荣富强，社会和谐稳定，城市轨道交通员工才能获得更加稳定的生活保障和更为广阔的发展前景。因此，城市轨道交通员工应怀揣感恩之心，为社会做贡献，为祖国谋发展。

其次要感恩企业。企业不仅可以满足城市轨道交通员工的生存需要，也为其提供了成长平台。因此，城市轨道交通员工应当怀着感恩心态去工作，对企业忠诚负责，对同事关爱尊重，守初心，担使命，为企业高质量发展贡献力量。

最后要感恩乘客。城市轨道交通系统的正常运行、城市轨道交通员工工作的顺利开展，都离不开乘客的支持与配合。城市轨道交通员工只有怀着感恩心态为乘客提供服务，才能换来乘客的尊重，并从中体会到工作的意义。

2. 包容心态

在职业活动中，难免会与他人产生矛盾甚至发生冲突。此时，用包容心态去对待，有助于化解矛盾，避免冲突。城市轨道交通员工要学会对同事包容、对乘客包容。对同事包容，可以促进自己与他人建立更加和谐的人际关系，有利于实现合作共赢；对乘客包容，有助于提高服务质量和乘客满意度，为自己、为企业树立良好的形象。

观点换乘站

有人认为，当别人伤害自己时，应当宽容对待，这是一种美德；也有人认为，宽容是软弱无能的体现。你认同哪种观点？请发表你的意见。

3. 求变心态

现代社会的发展日新月异，科技的进步、政策的调整等，都会使包括城市轨道交通行业在内的各行各业发生改变。例如，随着信息技术的快速发展，城市轨道交通运营管理的信息化建设如火如荼；随着各大城市群、都市圈轨道交通规划的推进，市域快速轨道交通（见图 2-13）的人才需求量越来越大；等等。城市轨道交通员工应当保持求变心态，不仅要敏锐地感知变化，主动了解行业最新动态，而且要积极地适应变化，为随时可能到来的变化做好准备。

图 2-13　市域快速轨道交通

案例展示窗

地铁升级，司机转岗

2021年12月，武汉地铁5号线开通运营，这是武汉首条全自动运行线路，列车唤醒、发车、运行、休眠等工作全部由系统远程控制。为此，5号线调度中心在进行人员配置时，在常规的行车调度员、环控调度员、电力调度员基础上，增设了车辆调度员岗位。

石某原是武汉地铁4号线的列车司机，有着7年的驾驶经验。2021年初，他经过多层选拔脱颖而出，如愿成为地铁5号线的第一名车辆调度员，加入"新线拓荒先锋队"。在5号线开通前的筹备过程中，石某接受了为期半个月的封闭式培训，参与了厂家的施工调试，深度介入设备操作、数据分析等一系列工作；与专业技术人员一起，编制全自动运行线路的车辆调度操作规范、岗位职责、应急处理流程等规章制度。

据了解，为保障全自动运行线路的行车安全，地铁5号线车辆调度员的挑选有着严苛的硬性条件：具备5年以上行车工作经验，理论知识和工作经验丰富……报名者须经过理论、实操考试和心理测试等多个环节的考核，考核合格后再进行理论培训和跟岗实习。

"以前作为地铁列车司机，我的职责是驾驶好每一趟车，保障行车安全；现在作为车辆调度员，我的职责变成了监控正线所有列车的运行状态，责任无比重大。"石某说。

（资料来源：《工人日报》，作者邹明强，有改动）

任务实施

职业心态分析与讨论

（1）全班学生自由分组，每组6～8人。

（2）各组成员结合所学专业，分析正面职业心态与负面职业心态对本专业相关工作的影响，并寻找相应案例加以说明。

（3）各组成员对自己的职业心态做出客观评价，并针对不足之处提出改进方案，在组内进行讨论。

（4）将分析与讨论结果制作成 PPT，选一名代表上台讲解。

（5）教师组织学生讨论，并对学生的任务实施情况进行点评。

项目总结

城市轨道交通员工的隐性职业素养包括职业意识、职业道德、职业心态等。

对于个人来说，职业意识可以引导职业准备、影响职业选择、指导职业行为、引领职业发展。此外，职业意识对企业和社会的发展也起着重要的保障与促进作用。城市轨道交通员工应当具备的职业意识有责任意识、安全意识、服务意识、竞争意识、细节意识、学习意识等。

职业道德可以调节职业关系、维护企业信誉、促进行业发展、提高社会道德水平。城市轨道交通员工应当将自己从事的职业与新时代公民道德建设相结合，践行以爱岗敬业、诚实守信、办事公道、热情服务、奉献社会为主要内容的职业道德。

职业心态既有正面的，也有负面的。负面的职业心态包括浮躁心态、消极抱怨心态、投机取巧心态、好高骛远心态、冷漠麻木心态等，对职业发展有很大危害。城市轨道交通员工应当加深对职业的认识，培养职业情感，了解自己的个性心理特征，并以此为基础调整自己的负面职业心态，努力培养积极心态、执着心态、担当心态等正面职业心态。

学习成果检测

1. 选择题

（1）在职业活动中，城市轨道交通员工要时刻把（　　）问题放在首位。

A．安全　　B．效率　　C．质量　　D．信誉

（2）（　　）可以调节从业人员之间的关系，约束从业人员的行为，促使同一行业内的人员团结合作，共同为本行业服务。

A．职业意识　　B．职业道德

C．职业心态　　D．职业能力

（3）（　　）是为人民服务的道德核心在职业道德中的具体体现。

A．爱岗敬业　　B．诚实守信

C．办事公道　　D．热情服务

（4）（　　）是影响担当心态的内部因素，对担当心态的培养起着决定性作用。

A. 家庭教育　　B. 学校教育

C. 社会教育　　D. 自我教育

2. 填空题

（1）城市轨道交通员工一定要强化安全意识，树立“__________、__________”理念，牢牢掌握安全工作的主动权。

（2）爱岗敬业具体表现为乐业、__________与__________。

（3）__________是职业道德的最高要求、最终目标和最高境界，也是职业道德的出发点和归宿。

（4）只有常怀__________心态，才能获得源源不断的满足感，使自己在面对环境变化、遇到困难时能够沉着冷静。

3. 简答题

（1）职业意识对个人、企业与社会有哪些作用？

（2）城市轨道交通员工应当如何践行奉献社会的职业道德？

（3）负面职业心态包括哪些？选择其中两种介绍其危害。

学习成果评价

请进行学习成果评价，并将评价结果填入表 2-4 中。

表 2-4　学习成果评价表

班级		组号		日期	
姓名		学号		指导教师	
项目名称	城市轨道交通员工隐性职业素养				
评价项目	评价内容			满分	评分
理论知识（40%）	职业意识的作用			6	
	城市轨道交通员工职业意识			6	
	职业道德的作用			6	
	城市轨道交通员工职业道德			6	
	负面职业心态及其危害			5	
	职业心态的调整			5	
	城市轨道交通员工正面职业心态			6	

（续表）

评价项目	评价内容	满分	评分
实践技能（40%）	能够对自己的职业意识、职业道德与职业心态做出客观评价	20	
	能够运用正确的方法和技巧进行演讲	20	
综合素养（20%）	积极参加教学活动，主动学习、思考、讨论	5	
	具备良好的学习态度	5	
	认识到职业意识、职业道德与职业心态的重要性，主动提升自己的隐性职业素养	10	
合计		100	
自我评价			
教师评价			

项目三

城市轨道交通员工能力素养

能力素养是显性职业素养的重要组成部分，包括沟通能力、学习能力、执行能力、合作能力、创新能力等。能力素养是衡量个人能力的关键，对职业活动的效率与质量起着决定性作用。城市轨道交通员工应当对各种职业能力有所了解，并学会使用正确的方法提高自己的职业能力，为职业发展打下坚实的基础。

知识目标

- 了解沟通的分类和重要性，掌握沟通的基本技巧和提升沟通能力的方法。
- 了解学习能力的构成要素与深化学习能力的方法。
- 了解执行能力的分类，掌握增强执行能力的方法。
- 了解合作的作用和原则，掌握强化合作能力的方法。
- 了解创新能力的作用和影响因素，掌握提高创新能力的方法。
- 了解时间管理能力、信息处理能力与问题解决能力。

素质目标

- 了解全国五一劳动奖章获得者高煜的事迹，培育创新意识与敬业精神。
- 认识到各种职业能力的重要性，有意识地培养自己的沟通能力、学习能力、执行能力、合作能力、创新能力等。

任务一　提升沟通能力

任务导入

小杨是某城市轨道交通运营企业的一名新员工，他性格比较内向，平常不怎么与同事交流，每天只是按部就班地工作。但最近，他发现同一部门的老林总是和他作对。小杨知道老林是企业的老员工，因此对他比较尊重，但不知道为什么，老林总是在工作上为难自己，有时还在别人面前指桑骂槐地说自己的坏话。

起初，小杨觉得没什么大不了的，忍一忍就过去了。但时间一长，小杨总觉得心里不是滋味。某天，看到老林又给自己指派了很多不合理的工作，小杨终于忍不住了，一气之下去找经理告状。经理把老林批评了一通，从此之后，小杨和老林成了一对冤家，部门里的工作氛围也因此变得很微妙。

请思考：小杨解决问题的方式有哪些不妥之处？城市轨道交通员工应当如何提升自己的沟通能力？

一、沟通的分类和重要性

沟通是最基本的职业活动之一。通过沟通，可以使自己了解别人，也能使别人理解自己，从而形成良好的人际关系。对于涉及多岗位合作，且经常需要与乘客打交道的城市轨道交通员工来说，具备良好的沟通能力极为重要。城市轨道交通员工应当对沟通的基础知识有所了解，掌握沟通的基本技巧，并按照正确的方法提升自己的沟通能力。

（一）沟通的分类

沟通是信息的发送者借助媒介，将信息发送给既定的接收者并寻求反馈，以达到相互理解的过程。按照不同的划分方式，可以对沟通进行分类。城市轨道交通员工应当了解沟通的不同形式，有针对性地提高自己的沟通能力。

1. 按照情境划分

按照情境划分，可将沟通分为正式沟通与非正式沟通。

正式沟通（见图 3-1）是指按照组织明文规定的结构系统和信息流动的路径、方向等进行的信息传递与交流，如下级向上级递交书面报告、上级下达工作指示、召开工作会议等。这种沟通正规、权威，但信息传播范围与传播速度受限。

非正式沟通（见图 3-2）是指在一定的社会系统内，通过正式组织以外的途径进行的信息传递和交流，如与同事谈话、解答乘客的疑问等。这种沟通灵活、随意，但易导致信息遗漏、误读等，不宜用于传递较为重要的信息。

图 3-1　正式沟通

图 3-2　非正式沟通

2. 按照载体划分

按照沟通所使用的载体划分，可将沟通分为语言沟通和非语言沟通。

语言沟通是指以口头语言或书面语言为载体的沟通，如口头交流、书信交流等。语言沟通是工作与生活中最主要的沟通方式。

非语言沟通是指以声音、表情、动作等为载体传递信息的沟通，如用面部表情表达情绪、用手势指示方位等。非语言沟通对语言沟通起辅助与加强作用。

思维调度室

有人说：“我说话时才有沟通；我若不说话，就不存在沟通。”你认为这样的观点正确吗？

（二）沟通的重要性

沟通对于个人和集体的发展都十分重要，具体体现在以下几个方面：

（1）沟通是群体活动的基础。没有沟通，就没有群体活动，也就没有个人、集体与社会的发展与进步。

（2）沟通是建立良好人际关系的基石。沟通能够消除人与人之间的误解，减少猜疑与隔阂，有助于建立良好的人际关系。

（3）沟通可以促进个人的职业发展。首先，良好的沟通可以赢得同事与乘客的信任；其次，通过沟通可以获取对自己工作效果的反馈信息，并依此有针对性地进行改进；最后，通过交流、讨论、请教等沟通活动，可以加深自己对工作、职业的理解，有助于调整、改进自己的职业发展路径。

（4）沟通是企业管理的核心。有效的沟通可以使领导者了解员工的工作情况与需求，并有效地传达工作任务。此外，良好的沟通有助于解决员工之间的分歧，增强团队凝聚力，提高团队工作效率。

二、沟通的基本技巧

城市轨道交通员工若想与同事、乘客进行有效、高效的沟通，就要掌握沟通的基本技巧，具体包括了解沟通对象、有效表达、善于倾听等。

（一）了解沟通对象

了解沟通对象是有效沟通的前提。不同沟通对象的性格、文化水平等各不相同，因此在表达能力、接收能力、关注的重点等方面存在差异。此外，沟通对象与表达者之间的关系也是影响沟通方式的重要因素，在面对上级、平级同事、下级等沟通对象时，应当选择的沟通方式也各不相同。城市轨道交通员工在与他人沟通前，要充分了解沟通对象，为后续的沟通做好准备。

（二）有效表达

城市轨道交通员工需要掌握语言表达技巧和非语言表达技巧，使自己在与他人沟通时，能准确地传递信息，达到沟通目的。

1. 语言表达技巧

（1）称呼得体。恰当、得体的称呼能使对方感到亲切，并获得心理上的满足，为沟通营造良好的氛围。若称呼不得体，往往会引起对方的不快甚至反感，使沟通受阻或中断。因此在沟通前，要根据对方的年龄、身份、性别、职业等情况，结合沟通场合选择合适的称呼。

（2）注意场合。在沟通时，要根据不同的场合选择不同的表达方式。在较为严肃的场合，要使用清楚、准确、逻辑性强的正式语言；在较为轻松的场合，要使用灵活、有趣味性的语言。

（3）避免争吵。出现分歧时，要尽量避免与对方争吵，而应通过讨论、协商的方式解决。

知识联络线

沟通 6C 原则

沟通的 6C 原则是指清晰（clear）、简明（concise）、准确（correct）、完整（complete）、有建设性（constructive）、礼貌（courteous）。

（1）清晰。表达的信息完整、有条理，能够轻松地被信息接收者所理解。

（2）简明。在清晰的前提下，表述要尽量简洁明了，这样不仅可以提高沟通效率，也可以降低信息保存、传送与管理的成本。

（3）准确。准确不仅是衡量信息质量的标准，也是决定沟通结果的重要指标。

（4）完整。表达的信息应当完整、没有遗漏，避免因信息片面导致误解。

（5）有建设性。沟通内容应具有建设性，可解决某些问题，或达成一定目标，或使任务有所推进。

（6）礼貌。礼貌是影响沟通质量与效率的重要因素。沟通时，礼貌得体的表现有利于沟通目的的实现。

2．非语言表达技巧

1）注意音量、语速、语调

同一句话，用不同的音量、语速或语调表达出来，意思可能截然不同。因此，在沟通时，需要根据沟通场所、沟通对象、表达需求的不同，准确地把控自己的音量、语速与语调。例如，在较为严肃、安静的环境中，应当适当降低音量，以免显得吵闹；在与老年人交流（见图 3-3）时，要适当放慢语速，以免对方跟不上自己的思路；在表达激昂的情感时，可以适当提高声调，让自己的表达更有感染力。

图 3-3　与老年人交流

2）注意面部表情

一般来说，在沟通时应当时刻保持微笑，这样可以营造融洽的氛围，使对方放下戒备心，有利于沟通的顺利进行，也有助于实现沟通目的。但在一些特殊的场合，或有特殊的情感表达需求时，可以视情况调整面部表情。例如，在乘客因重要而又紧急的事务需要帮助时，城市轨道交通员工应当保持严肃的表情为其提供服务，以体现对乘客的重视。

3）注意空间距离

沟通对象间的距离远近对表达效果也有所影响，因此在沟通时，应当有意识地调整自己与对方之间的距离，使其符合沟通场合与双方身份。

知识联络线

人际交往的四种距离

（1）亲密距离：0～45 厘米。这一距离是恋人之间、夫妻之间、父母与子女之间的交往距离，不适合用于职场沟通中。

（2）个人距离：45～122 厘米。这一距离便于双方亲切握手，友好交谈，是与熟人交往的距离。这种距离间的沟通既能体现友好与亲切，又能使人感到有分寸。

（3）社交距离：122～365 厘米。这一距离是正式社交场合陌生人之间交往或上下级之间面对面交往的距离。一般来说，城市轨道交通员工与乘客沟通时，应当保持这一距离。

（4）公共距离：365 厘米以上。这一距离的人际交往一般出现在大型会议、公开演讲等场合，是演说者与听众所保持的距离。

（三）善于倾听

扫一扫

你是一位优秀的倾听者吗

沟通是一个信息双向传递的过程，城市轨道交通员工要想与他人进行高效沟通，除了有效表达之外，还要善于倾听。具体来说，要做到以下几点：

（1）端正态度，及时反馈。在倾听时，不能东张西望，心不在焉，而应保持神情专注，时不时以微笑、点头或用“嗯”“对”“是的”等语言表示自己正处于认真倾听的状态。倾听者可以适时地发表自己的看法，但不能转移话题或随意打断对方。

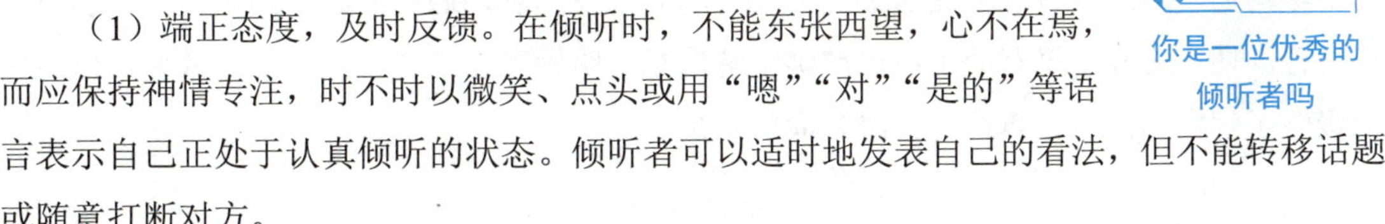

（2）努力抓住重点，把握要点。要仔细辨别对方表达的内容，尤其是当对方语速较

快或表达较为模糊时。若对方传递的信息量较大，应当分清主次，抓住关键词句，删繁去冗，把握对方想要表达的中心思想和主要观点。

（3）尝试揣摩对方的意图。受沟通场合或个人习惯的影响，有些人在表达时，要么委婉含蓄，要么暗藏玄机，不会直接点明主题。因此在倾听时，应当用心揣摩对方的真实意图，明确对方的真实需求，这样才能在沟通时有的放矢，从容应对。

素养检修段

下列倾听过程中的坏习惯，你有多少？请同学们互相评价，并进行自我反思。

（1）喜欢插话。

（2）在倾听时几乎一言不发。

（3）发现自己感兴趣的问题时就问个不停，总是打断对方的思路，导致对方跑题。

（4）在倾听时经常走神。

（5）乐于提出建议，甚至在别人没要求时也如此。

（6）在对方还没说完时就下结论。

三、提升沟通能力的方法

（一）提升与同事的沟通能力

同事关系包括纵向的上下级关系与横向的平级同事关系。城市轨道交通员工要主动提升与同事沟通的能力，这样可以使自己的职场人际关系更加融洽。

1．与上级沟通

与上级沟通是明确工作任务、提出需求、获取指导意见的重要途径。城市轨道交通员工在与上级沟通时，应做到以下几点。

1）态度积极主动

通常情况下，上级的工作较繁忙，除了安排工作任务、传达命令之外，一般较少主动与下级沟通。因此城市轨道交通员工要成为沟通的发起者，遇到问题或困难时，主动与上级进行沟通。这样不仅有助于自己准确了解信息，明确工作任务，提高工作效率，也能使上级多了解自己，拉近自己与上级之间的距离。

2）沟通频率适中

在积极主动沟通的同时，要确保沟通频率适中。如果与上级主动沟通的频率过高，不仅会对上级的正常工作造成困扰，也容易使上级认为自己缺乏独立工作的能力，还有可能

使他人误解。如果与上级沟通的频率过低，则上级无法及时了解自己的工作情况与思想状态，自己也无法及时获取工作指示和工作反馈，既不利于工作的开展和完成，又会在一定程度上影响团队的凝聚力。

3）注意沟通时机

除了要注意沟通的频率外，还要注意沟通的时机。一般来说，应当选择上级相对清闲的时间与其沟通，这样更容易引起上级的重视。当上级心情欠佳时，不宜主动与其沟通，尤其要避免向上级提要求或表达不同看法。当试图改变上级的决定或意图时，要尽量选择没有旁人的场合与上级沟通，这样既能给自己留下一定的回旋余地，又能维护上级的尊严。

4）认准角色定位

在与上级沟通的过程中，要准确认识自己的角色定位，使用合理的表达方式。例如，向上级提出意见或建议时，要多从正面阐述自己的观点，尽量不直接否定上级的意见，这样不仅能维护上级的尊严，还能增强自己的说服力。

2．与平级同事沟通

与平级同事间的良好沟通是促进职场人际关系融洽发展的必要条件。城市轨道交通员工应当掌握与平级同事沟通的方法，建立和谐的同事关系。具体来说，应做到以下几点。

1）主动沟通

除了在工作期间积极主动与同事沟通之外，城市轨道交通员工还要学会利用工作之余的时间，主动找机会与同事沟通（见图 3-4），如谈心、聊天、请教问题等。只有主动创造沟通机会，才能深入地了解对方，营造良好的职场氛围。

图 3-4　与同事沟通

2）宽容诚恳

在与平级同事沟通时，难免会因双方经历、性格、价值观等方面的差异而产生分歧或矛盾。此时，要学会换位思考，互相体谅，只要不涉及原则问题，就不必过于计较。在必须指出对方问题的情况下，也要以不伤害对方为前提，委婉地表达自己的观点。如果自己有过错，则要主动道歉，以诚待人，以诚感人。

3）学会赞美

每个人都希望得到他人的重视与认可。城市轨道交通员工在与平级同事沟通的过程中，要善于发现对方的优点和长处，肯定他们在工作中的付出，并真诚地对他们取得的进步和成绩表示祝贺。

4）保持适当的距离

平级同事之间往往既有合作，又有竞争。与同事保持良好的关系，不代表要无话不谈、亲密无间。城市轨道交通员工在与平级同事沟通时，要学会保持适当的距离。具体应做到：不宜过多地谈论私事，以免引起对方反感；尊重同事的隐私，不打探对方的秘密，不私自翻阅对方的文件、信件等；不对同事评头论足，甚至恶意攻击。

3. 与下级沟通

在职场上，上下级之间的沟通效率往往决定着管理效率。对于肩负管理职责的城市轨道交通员工来说，掌握与下级沟通的方法和技巧，可以促进管理工作的顺利开展。城市轨道交通员工在与下级沟通时，应做到以下几点。

1）平等交流

下级对上级往往抱有戒备、恐惧、对立等心态，因此在与下级沟通时，要尽可能营造轻松的氛围。可将与日常生活密切相关的话题作为切入点，拉近双方的心理距离，在此基础上再引入正题。在阐述自己的观点时，语气要平缓，语调要自然。下达指令时，要多用商量的口吻，而非命令的口吻。

2）提高频率

与下级之间的沟通是管理人员日常管理的重要内容之一。城市轨道交通管理人员要尽可能多地与下级交流，这样不仅能拉近上下级间的关系，也可以更好地了解下级的工作情况，使管理活动开展得更加顺畅。

3）尊重他人

员工的性格、知识水平、人生阅历等各不相同，使得他们在工作能力、思维方式等方面存在差别。因此，管理人员的沟通方式、沟通内容要因人而异，充分尊重对方的习惯。

知识联络线

与同事沟通的“三互”“四不”

1. 三互

（1）互相尊重。要尊重他人的人格、劳动成果及他人在团队中的地位和作用。

（2）互相坦诚。只有胸怀坦荡，以诚相待，才能激起共鸣，赢得他人的信任。

（3）互相体谅。产生分歧、误解甚至冲突时，不要放任自己的情绪，而要通过换位思考等方式体谅、谦让对方，求同存异。

2. 四不

（1）不谈论私事。在办公场所与同事谈论私事，容易导致公私混淆，给彼此带来麻烦和困扰。

（2）不传播小道消息。对于非经正式途径传播的消息，要尽量做到不打听、不评论、不传播。

（3）不当众炫耀。当众炫耀容易引起他人的反感，对同事关系的维系有弊无利。

（4）不口无遮拦。口无遮拦虽然能给自己带来一时之快，但容易伤害别人。因此，在与同事沟通时，尤其是有求于对方或与对方有不同意见时，要委婉表达，注意措辞，顾忌对方的感受。

（二）提升与乘客的沟通能力

为乘客提供服务是城市轨道交通员工最主要的工作内容之一，在为乘客提供服务的过程中，免不了要经常与乘客沟通（见图 3-5）。城市轨道交通员工应当努力提升与乘客沟通的能力，以便更好地为乘客提供服务。具体来说，应做到以下几点。

图 3-5　与乘客沟通

1．主动沟通，主动服务

主动沟通有助于城市轨道交通员工与乘客之间建立良性关系。在工作时，城市轨道交通员工要学会察言观色，随时关注乘客的动态，如果有乘客需要帮助，要及时为其提供帮助，即使对方未明确提出服务要求，也要主动上前询问。

案例展示窗

主动沟通，发现问题

某天，站务员小王在一次日常巡查过程中，发现有两名外国乘客在进入地铁站时，将自己背包内的东西全部取出来拿在了手上。小王的英语水平较高，她留心听了一下两人之间的对话，听到他们在抱怨："为什么在地铁站里不能把东西装进包里啊？真是不人性化！"

小王感到很奇怪，因为地铁站根本就没有此项规定。于是小王主动上前询问，经过一番沟通后，终于了解了事情的原委。原来，地铁站入口处新张贴的标志出现了错误，上面的"No begging（禁止乞讨）"写成了"No bagging（禁止装袋）"，使外国乘客产生了误解。

小王赶紧向两名乘客解释并真诚致歉，同时还表示会及时向有关部门反应，让他们尽快更正标志上的错误。

2．认准对象，准确称呼

城市轨道交通员工与乘客之间的沟通往往都是从称呼开始的，礼貌、友好的称呼是良好沟通的前提。因此，城市轨道交通员工必须掌握正确的称呼方式。

多数情况下，城市轨道交通员工可以对乘客使用泛尊称。一般称男性为"先生"，女性为"女士"。在城市轨道交通服务中，为了使乘客感到亲切，城市轨道交通员工还可对年龄较大的乘客使用"亲属称呼"，如"大哥""大姐""叔叔""阿姨""大爷""大妈"等；对于年龄较小的乘客（见图 3-6），则可以使用"小朋友""小弟弟""小妹妹"等较为亲昵的称呼。

3．语言标准，口齿清晰

城市轨道交通员工在与乘客沟通时，只有做到语言标准，口齿清晰，才能使乘客听清楚、听明白。语言标准，口齿清晰的具体要求如下：

（1）使用普通话。城市轨道交通员工在与乘客沟通时，应当使用我国法定的通用语言，即普通话，避免乘客听不懂或产生歧义。

（2）发音准确。城市轨道交通员工要提升自己的语言表达能力，在与乘客沟通时，做到咬字清晰、发音准确，否则不仅会影响沟通效率，还会给乘客留下素质不高、能力不强的印象。

（3）表述完整。城市轨道交通员工在与乘客沟通时，要将完整的信息准确地传递给乘客，切忌不恰当地使用省略语句，以免乘客在理解时产生歧义。

图 3-6 年龄较小的乘客

素养检修段

对比并朗读下列词语，同学们互相检验，纠正错误发音。

男女—褴褛	恼怒—老路	泥巴—篱笆	女客—旅客	水流—水牛	无奈—无赖
阻力—主力	资源—支援	自序—秩序	暂时—战时	赞助—站住	早稻—找到
粗布—初步	村庄—春装	推辞—推迟	木材—木柴	擦手—插手	一层—议程
私贩—师范	散光—闪光	丧生—上升	桑叶—商业	肃立—树立	四十—事实
翻腾—欢腾	理发—理化	奋进—混进	幅度—弧度	附注—互助	防线—航线
扳手—帮手	反问—访问	担心—当心	粘贴—张贴	女篮—女郎	弹诵—唐宋
同门—同盟	花盆—花棚	瓜分—刮风	人参—人生	陈旧—成就	深沉—生成
人民—人名	禁止—静止	红心—红星	临时—零食	金银—晶莹	亲近—清静

4．语气适宜，用词文雅

语气是指说话时流露出的感情色彩。城市轨道交通员工在与乘客沟通时，要使自己的语气表现出热情、亲切、耐心等正面感情色彩，切勿使用急切、生硬、冷淡、傲慢的语气。

此外，城市轨道交通员工在与乘客沟通时，用词要文雅，善用问候语、征询语、应答语、感谢语、道歉语、请托语、婉拒语、告别语等服务用语，切勿使用粗话、脏话等不礼貌语言，也不能埋怨、讽刺、嘲笑、挖苦、污蔑乘客。

案例展示窗

嘲讽乘客被处罚

一位老人急着乘地铁去给住院的老伴送饭，在买票时却发现自己忘带钱包了。老人询问售票员能不能先给他一张票，待他送完饭并在老伴那里拿到钱后再回来把票款补上。售票员听后撇了撇嘴，用嘲讽的语气说：“你见过坐地铁赊账的吗？没钱就回去拿钱，别耽误后面的人买票。”听了这话，老人气得浑身发抖。

在一旁巡视的值班站长看到了这一幕，赶快走了过来，向老人道了歉，并帮他垫付了票款，让老人得以顺利乘车。

下班后，值班站长对该售票员进行了严厉批评，并要求其他员工引以为戒，注意与乘客的沟通方式，不能使用不礼貌的语气和言辞。

任务实施

与乘客沟通情景模拟

站务员在巡视站台时，看到一群人围在一起，并且能隐约听到小孩的哭声。站务员上前查看，发现有一名两三岁的小女孩在号啕大哭。询问后得知，小女孩在和妈妈一起乘车时不小心走丢了……

基于以上情景，全班学生自由分组，每组 6～8 人，其中一人扮演站务员，其他人分别扮演小女孩、围观群众、小女孩的妈妈及其他工作人员，自行设计剧本，模拟城市轨道交通员工与乘客沟通、帮助乘客解决问题的场景。教师根据各组的表现进行点评。

任务二　深化学习能力

任务导入

2021 年底，在有两万余名城市轨道交通员工参与的武汉地铁职业技能大赛上，武汉地铁 8 号线的司机小张荣获轨道交通列车司机项目第一名。而这名才入职 4 年多的“青年状元”，曾经是一名优秀的空降兵战士。

2012 年，小张考入某职业技术学院。由于从小就对部队生活十分向往，他于当年年底在学校应征入伍，成为一名空降兵。在部队服役的 2 年时间里，他表现优异，曾被评为“优秀士兵”。2014 年 12 月，小张退伍回到学校，继续完成学业。毕业后，他通过应聘进入武汉地铁集团有限公司工作。

由于不是“科班”出身，专业基础相对薄弱，小张的初期表现并不理想，但他相信勤能补拙。理论知识掌握不牢，他就不休息，下班了还在“啃”书本、记流程；应急处理能力欠佳，他就拉着班组同事一起模拟演练各种应急预案；心理素质不够强，他就请老师傅预设故障，在练习中克服紧张情绪。终于，在 2017 年，小张通过多层考核，如愿取得了独立驾驶资格。

为了进一步确保行车安全，提升业务技能水平，精通应急处理能力，小张还利用“碎片时间”加强练习。2019 年，小张第一次参加武汉地铁职业技能大赛，就在理论知识竞赛中获得第一名，但在实操竞赛时有点失误，没能获得理想的成绩，令他有些遗憾。通过竞赛，他既看到了自己取得的进步，同时也发现自己与高手之间还有差距。于是，他不停向其他优秀司机请教，练习技能。2021 年底，他第二次参加武汉地铁职业技能大赛，经过车间比试、部门初赛、公司决赛层层选拔，最终从 2 200 多名轨道交通列车司机中脱颖而出，获得第一名。

请思考：小张为什么能够取得成功？城市轨道交通员工应当如何深化自己的学习能力？

一、学习能力的构成要素

学习能力是一种综合能力，主要由观察力、记忆力、思维能力、注意力等构成。城市轨道交通员工要了解学习能力的构成要素，针对自己的薄弱环节进行优化提升。

（一）观察力

学习是将外部信息内化的过程，而观察则是获取外部信息的重要途径，因此观察力是学习能力的首要构成要素。

观察力的评价指标有目的性、条理性与准确性。目的性表现为学习者需要从纷繁芜杂的对象中提取自己所需要的事物并进行观察，使观察活动始终服务于观察目的。条理性表现为观察活动需要按照一定的步骤进行，确保所获取的信息全面且符合实际情况。准确性表现为学习者需要排除干扰，以便得到客观的观察结果。只有满足了目的性、条理性与准确性的观察活动，才是有效的观察活动。

（二）记忆力

通过观察获取信息后，学习者还要将信息储存在脑海中，并在需要的时候随时提取，这样才能使获取的信息发挥作用。记忆是学习的基础，记忆力是学习能力的基本构成要素。

记忆力的评价指标有敏捷性、准确性、持久性与备用性。敏捷性体现在记忆速度上，学习者的记忆速度越快，就可以在有限的时间内获取越多的信息。准确性表现为学习者能将所记的内容准确还原。持久性表现为所记的内容能在脑海中保留较长时间。备用性表现为学习者能根据需要，快速而又准确地在脑海中调取所需信息。具有良好记忆力的人，不仅可以快速、准确、持久地记住信息，还能够随时调取信息，用以解决实际问题。

知识联络线

艾宾浩斯遗忘曲线

德国心理学家艾宾浩斯经过研究，发现了人类大脑对新事物的遗忘规律，即遗忘在学习之后立即开始，且遗忘的速度不是均匀的，而是先快后慢的。他将这一研究结果绘制成了曲线，即著名的艾宾浩斯遗忘曲线（见图 3-7）。

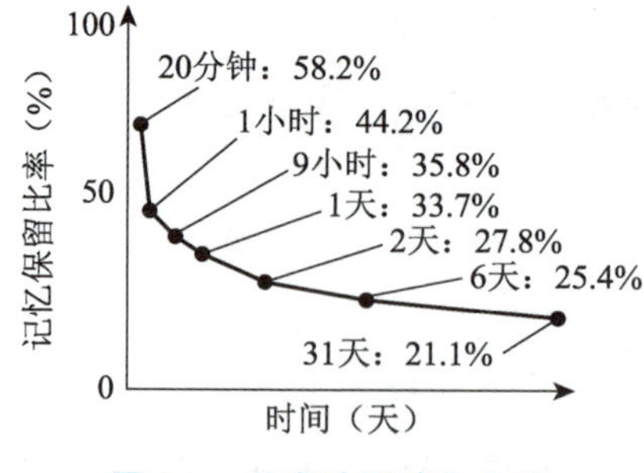

图 3-7　艾宾浩斯遗忘曲线

艾宾浩斯认为，要想有效地记住所学知识，需要在遗忘速度较快的时间段内及时复习，重复记忆，以此实现长久记忆。

（三）思维能力

思维能力是学习能力的核心构成要素，包含理解能力、分析能力、概括能力、推理能力、论证能力、判断能力等。有了良好的思维能力，就可以对脑海中的信息进行分析、鉴别、整合等加工，从而透过表面现象发现事物的内在联系。思维能力的评价指标有思维的广度、深度、灵活度、严密度等。

思维调度室

你认为思维的广度、深度、灵活度与严密度体现在哪些方面？请分别举例说明。

（四）注意力

注意力是指人的心理活动指向和集中于某种事物的能力，是学习能力的重要构成要素。只有注意到事物，才有可能进一步去观察、记忆和思考；只有排除干扰，集中精力去感知目标事物，才能使观察、记忆和思考的效率更高。注意力的缺失会导致学习效率降低，也会使学习过程难以持续。

扫一扫

舒尔特方格训练法

二、深化学习能力的方法

学习是一个人认识和改造世界、持续生存和发展的必要条件，不学习，个人就无法与持续发展的外部环境保持平衡，并且随时可能被社会淘汰。我国的城市轨道交通事业正处于高速发展阶段，对于城市轨道交通员工来说，只有不断深化自己的学习能力，不断通过持续学习新知识，才能在行业发展的浪潮中立足。具体来说，城市轨道交通员工可以通过以下方法深化学习能力。

（一）拓宽学习渠道

在许多人的印象中，学习意味着在课堂上由教师传授知识。但实际上，课堂学习只是众多学习形式中的一种。学生在离开学校、进入职场后，也应保持学习习惯，不断拓宽自己的学习渠道，在工作中持续学习，从而不断提升自我。城市轨道交通员工的主要学习渠道有自学、互学与他人教学等。

1. 自学

自学是指在没有教师的直接帮助下，个人依靠教材或其他学习材料，有目的地获得知识和技能的一种学习渠道。

自学是丰富学习内容的重要途径。一个人通过学校教育能学到的知识是有限的，不能覆盖到工作的方方面面，只有通过自学，不断补充、更新自己的知识储备，才能增加知识的广度与深度，以提高对工作的适应能力。

自学是实现自我发展的重要途径。人的一生中，能够接受学校教育的时间很短，而能够自学的时间则贯穿人生的始终。自学是一种良好的学习习惯，是城市轨道交通员工实现自我发展的最主要途径。

考试是检验自学成果的有效方法。目前，我国已建立起了较为完善的高等教育自学考试制度与职业资格证书制度，城市轨道交通员工可以通过参加高等教育自学考试、考取职业资格证书（见图 3-8）等方式检验自学成果，以考促学，提高自学的积极性。

图 3-8　职业资格证书

知识联络线

高等教育自学考试

高等教育自学考试（以下简称“自学考试”）是对自学考试参加者（以下简称“考生”）进行的以学历考试为主的高等教育国家考试，是个人自学、社会助学和国家考试相结合的高等教育形式。

考生按省级教育考试机构规定的时间和地点报名并参加考试，在取得一门以上（含）课程合格成绩后，由省级教育考试机构为其建立考籍管理档案。考生在取得专业计划规定的全部课程合格成绩、完成主考学校毕业考核或论文答辩等其他教学实践

任务、经思想品德鉴定合格后，可获得毕业证书，国家承认学历。符合学位授予条件的自学考试本科毕业生，由有学位授予权的主考学校依照有关规定，授予学士学位。

（资料来源：中国教育考试网）

2. 互学

多人通过互学，可以交流思想，互通信息，以达到取长补短、共同进步的目的。此外，通过互学还可以互相督促，互相鼓励，提高学习的主动性与积极性。

互学的主要方法有个别交谈法、自由讨论法、组织学习法等。城市轨道交通员工在工作中可以将多种方法结合，与同事互相学习，以起到对自学的促进与补充作用。

3. 他人教学

他人教学是一种较为高效的教学模式，可以使人在短时间内掌握较多的知识与技能。他人教学包括课堂学习，但不仅限于课堂学习。多数城市轨道交通运营企业已建立了较为成熟的培训模式，各类员工培训（见图 3-9）就成了城市轨道交通员工学习新知识、掌握新技能的重要途径。城市轨道交通员工要抓住培训机会，充分学习、吸收前人的经验，提高自己的工作能力。

图 3-9　城市轨道交通员工培训

除了企业培训外，我国还建立了较为完整的成人教育体系，包括补偿教育、继续教育、成人职业教育、社会文化生活教育等。城市轨道交通员工可以根据自身意愿与需求接受系统的教育，提升个人能力与素质。

（二）选择合适的学习方法

学习没有固定的方法，每个人根据自己的需求与条件选择合适的学习方法即可。城市轨道交通员工应经过不断尝试，长期实践，总结出适合自己的学习方法。下面简要介绍两种常见的学习方法。

1. 费曼学习法

费曼学习法是一种主动学习的方法，可分为以下 4 个步骤：

（1）选择一个概念。选择一个想要学习、理解的概念，把它写在纸上。

（2）讲授这个概念。假设自己面对的是一个完全没有接触过此概念相关领域的人，如儿童、老人等，尝试向对方解释清楚这个概念。这样能够使自己加深对这个概念的理解，并理清相关知识点之间的逻辑关系。

（3）查漏补缺，重新学习。在上一个步骤中，可能会有自己理解不透彻、无法解释清楚的地方。此时，要重新学习与该概念相关的知识，直到自己完全理解为止。

（4）简化语言表达。用通俗易懂的语言再次解释这个概念，并再次将它讲授给自己假设的对象。如果自己的解释非常冗长，或令人难以理解，则说明自己对此概念的理解还不够透彻。此时应当重复上一个步骤，直到自己能够以简洁的语言清晰地解释这个概念为止。

素养检修段

选择一个与自己所学专业相关的、自己难以理解的概念，尝试用费曼学习法学习这个概念。

2. SQ3R 学习法

SQ3R 学习法是美国心理学家罗宾逊提出的一种学习方法，主要适用于对教科书或经典著作进行精读、细读。它将学习分为 5 个步骤——概观（survey）、发问（question）、阅读（read）、背诵（recite）、复习（review）。

（1）概观：在仔细阅读之前，先快速浏览一遍要阅读的内容，重点掌握文章的结构和主要内容，然后设定学习目标、方向。

（2）发问：结合章节标题，针对学习主题自行拟定问题。

（3）阅读：通过详细阅读，找出问题的答案。

（4）背诵：记忆重点内容。

（5）复习：将重点内容整理成笔记，并随时进行巩固复习。

（三）将学习与实践结合

要想让所学知识真正为自己所用，就必须将学习与实践结合起来。这样不仅有助于自

己充分理解、掌握知识，还有助于知识的再创造。一方面，要积极地将所学知识运用到实践中去，用学习指导实践；另一方面，要在实践中主动发现问题，以解决问题为契机，在实践中学习。通过学习与实践的相互转化、相互促进，最终实现个人的发展与进步。

对于城市轨道交通员工来说，将学习与实践结合的方式有三种：① 在入职培训等正式学习中，通常设有模拟实训环节，城市轨道交通员工要重视这一环节，在实训中检验自己对知识的掌握情况，及时发现自己的不足；② 在实际工作中保持学习习惯，不断发现问题，总结经验；③ 通过参加城市轨道交通职业技能竞赛（见图 3-10），以赛促学，以赛促练，提高自己的实践能力。

图 3-10　城市轨道交通职业技能竞赛

任务实施

学习能力专题研讨会

（1）全班学生自由分组，每组 6～8 人。

（2）各组成员通过自我评价与互相评价，分析自己在学习能力方面存在的不足之处，并提出改进措施。

（3）将组内的讨论结果制作成 PPT，选一名代表上台讲解。

（4）教师组织学生讨论，并对学生的任务实施情况进行点评。

任务三 增强执行能力

任务导入

小赵是某城市轨道交通运营企业的员工，他总是能快速高效地完成各项工作任务。例如，面对乘客提出的要求，他会第一时间行动，满足乘客需求；当需要开会时，他会提前准备好相关文件，并将会议流程安排妥当。

由于小赵出色的执行能力，他得到了同事的高度评价，领导也会经常给他安排更重要、更有挑战性的任务。一次，企业要开展一场大规模的乘客满意度调查活动，小赵被安排负责此事。接到任务后，小赵迅速组织相关人员，讨论、设计调查方案，分配工作任务，发放问卷，整理数据，撰写报告，最终完美地完成了任务。通过这次调查，企业获取了大量客观而又详细的反馈意见，有针对性地改进了服务流程，提高了企业的信誉。小赵因此获得了企业的嘉奖，职位也得到了提升。

请思考：小赵为什么能够取得成功？城市轨道交通员工应当如何增强自己的执行能力？

一、执行能力的分类

执行能力是把目标转化为结果的能力，是完成任务的意愿、能力与程度的综合体现。对于城市轨道交通员工而言，衡量执行能力的标准就是能否按时、按质、按量地完成工作任务。

根据执行者的不同，可将执行能力分为个人执行能力和团队执行能力。

（一）个人执行能力

个人执行能力是指个人将上级的指示或自己的想法、目标付诸实践，从而按时、按质、按量地完成工作任务的能力。影响个人执行能力的因素包括个人的工作态度、工作方法、工作习惯、工作思路等。

（二）团队执行能力

团队执行能力是指一个团队把团队战略与团队决策持续转化为结果的能力。影响团队执行能力的因素较多，不仅包括团队中各成员的个人执行能力，也包括团队组织结构、团

队制度、团队领导的管理能力等。

素养检修段

回忆你参与过的某一个团队任务，试着分析团队执行能力与团队任务完成结果之间的关系。

二、增强执行能力的方法

（一）制订计划，分解目标

很多时候，个人或团队难以开始行动的原因在于目标太过遥远，没有具体的执行方案，无从下手。因此，在开始行动之前，应当制订合理、详细的计划，规划好行动路径。

分解目标时的注意事项

为了提高计划的可行性，应当学会拆解，把大目标分解成一个个小任务，从小任务入手，逐个击破。这样不仅可以降低行动难度，而且可以减少心理压力，避免因目标过大而患得患失，不敢行动。

（二）建立反馈，正向激励

正向的反馈是激励自己持续行动的重要动力，因此，在行动过程中，应当建立合理的正向反馈机制。例如，城市轨道交通员工可以根据任务的开始与结束时间、完成进度等制作任务进度表（见图 3-11），直观地感受自己每天的进步；还可以设置一个积分系统，每完成一项任务就获取一定的积分，累积了足够的积分后就给自己一定的奖励；等等。这样可以将枯燥的任务趣味化，使自己从行动过程中获得成就感与愉悦感。

今日日期：31　　计划　实际执行　延期或提前

任务内容	计划		实际		进度（%）	X月																														
	开始	结束	开始	结束		1	2	3	4	5	6	7	8	9	10	11	12	13	14	15	16	17	18	19	20	21	22	23	24	25	26	27	28	29	30	31
任务1	1	4	3	6	100%																															
任务2	3	10	3	6	100%																															
任务3	2	8	3	5	100%																															
任务4	3	12	5	10	100%																															
任务5	7	13	6	12	100%																															
任务6	8	16	7	14	100%																															
任务7	7	11	9	15	100%																															
任务8	10	17	9	14	100%																															
任务9	13	22	10	20	40%																															
任务10	15	19	16	21	100%																															
任务11	17	27	13	25	100%																															
任务12	16	25	17		60%																															
任务13	19	26	18		80%																															
任务14	23	27	21		60%																															
任务15	26	28	24		30%																															
任务16	28	31	27		100%																															

图 3-11　任务进度表

（三）设置期限，提高效率

在行动过程中，往往会遇到拖延的现象。拖延不仅会降低工作效率，阻碍能力发挥，还会使工作开展陷入恶性循环——越是处于低效的工作状态中，就越容易产生负面情绪，从而导致更加严重的拖延情况。为了不陷入这样的恶性循环，城市轨道交通员工应当强化时间观念和效率意识，为自己的每个小任务设置严格的截止期限，以此增强紧迫感，提高工作效率。

知识联络线

拖延心理的形成原因和克服方法

1. 缺乏规划

有的人没有明确的愿景，不知道自己的目标是什么，没有前进的动力，也找不到努力的方向，非常迷茫，进而产生拖延心理。要想克服拖延心理，首先应对自己的未来进行规划，明确目标，以便有足够的动力去达成目标。

2. 有疲劳感

有的人产生拖延心理是因为感到疲劳，想用拖延缓解压力。要想解决这个问题，可以合理安排休息与工作的时间，如制订作息时间表，按部就班地做事，进而减少疲劳感，逐渐克服拖延心理。

3. 自制力不足

有的人缺乏自制力，容易受到外界环境的干扰，难以集中注意力，从而造成工作进度缓慢。这类人在工作之前，最好先排除那些可能会影响自己工作的因素，如关掉手机，以便更加专注地工作。

4. 有惰性

有的人遇到自己不喜欢做的事情或难度较大的事情，就容易产生惰性，迟迟不肯行动。这类人要想克服拖延心理，就必须克服惰性，把不愿意做但又必须做的事情放在首位。如果任务难度较大，可以试着把任务分解，逐个击破，不能让惰性成为工作的绊脚石。

任务实施

执行能力分析与讨论

（1）全班学生自由分组，每组 6～8 人。

（2）各组成员对自己的执行能力做出客观评价，并针对不足之处提出改进方案，在组内进行讨论。

（3）将分析与讨论结果制作成 PPT，选一名代表上台讲解。

（4）教师组织学生讨论，并对学生的任务实施情况进行点评。

任务四　强化合作能力

任务导入

2020 年底，青岛地铁运营有限公司开始大力推动班组建设，将班组作为运营生产和管理工作最基本的组织单元。班组成员可以通过互相帮扶、互相影响，共同进步。

小魏曾是一名普通的站务员，两次参加选调值班员考试都没有成功。进入某班组后，小魏成了几位副班组长的帮扶对象。副班组长一边帮她找出考试中存在的问题，一边鼓励她在工作中要更积极主动。经过帮扶并受优秀同事的影响，小魏终于“开窍”了。

慢慢地，小魏从原来的等乘客找她解决问题，变成了看到有需要的乘客就积极上前提供帮助；从原来的很少参加各种比试，转变为主动报名去接受挑战。顺利通过了第三次选调考试后，小魏从一名站务员变成了一名合格的值班员，不仅赶上了同期入职同事的“节奏”，还从一个被帮扶对象，变成了帮带年轻站务员的“老师傅”。

通过班组建设，青岛地铁运营有限公司的各类运营指标稳步提升，列车正点率、列车运行图兑现率等 13 项指标均位列行业第一。

请思考：通过以上案例，你可以获得哪些启示？你认为城市轨道交通员工应当如何强化自己的合作能力？

一、合作的作用和原则

合作是指个人或群体之间为达到某一确定目标，彼此通过协调作用而形成的联合行动。现代社会中的绝大多数工作都需要通过合作来完成。例如，城市轨道交通安检工作通常需要引导员、手检员、值机员（见图 3-12）、后传员等人合作完成。

图 3-12　值机员

（一）合作的作用

合作可以充分调动集体资源，使个人的能力得到充分发挥。具体来说，合作的作用体现在以下几个方面。

1．提高积极性

在合作过程中，团队成员会不自觉地要求自己进步，力争做到最好，以此赢得他人的信任和尊重。因此，合作可以增强团队成员的上进心，提高团队成员的工作积极性。

2．增强凝聚力

合作能够促进团队内部的沟通，培养团队成员的集体意识，使团队成员在长期的共同工作中产生认同感、归属感与使命感，从而凝聚成一个整体，共同维护团队的整体利益。

3．提高工作效率

合作对工作效率的提高作用主要体现在以下两个方面：

（1）个人的精力是有限的，无法高效地兼顾多项工作。通过合作，可以将复杂的任务分解成若干小任务同时进行，每个团队成员只需要专心完成自己负责的小任务，这样可以大大提高个人工作效率与团队工作效率。

（2）团队各成员的知识结构、所擅长的领域等各不相同，通过合作可以取长补短，发挥出各自的核心优势，从而显著提高整体工作效率。

（二）合作的原则

1. 平等友善

只有平等待人，尊重他人，才能赢得他人的信任与肯定，从而营造团结友爱的团队氛围，促进团队内部形成更加有效的沟通渠道。

2. 主动交流

合作与交流是相辅相成的，合作会带动交流，交流能促进合作。城市轨道交通员工在与他人合作的过程中，要主动与他人交流（见图 3-13），分享自己的想法，彼此交换信息，这样才能更好地实现合作目标。

图 3-13　主动与他人交流

3. 保持谦虚的态度

谦虚的态度有助于维持良好的人际关系，营造良好的合作氛围。在合作过程中，城市轨道交通员工要保持谦虚的态度，遇到问题虚心向他人请教，对于他人提出的意见也要虚心听取，并积极吸收他人的经验，提高自己的工作能力。

4. 及时化解矛盾

团队中每个成员的性格不同，对同一件事的观点、看法也各不相同，难免会出现分歧或矛盾。这些矛盾如果不能得到及时化解，不仅会影响工作效率，而且会导致合作关系提前终止。因此，城市轨道交通员工应当学会及时化解合作过程中产生的矛盾。

首先，矛盾一旦出现，忽略或逃避都不能从根本上解决问题，因此，在矛盾出现时，城市轨道交通员工要勇于承认矛盾的存在，积极寻找化解矛盾的方法。其次，出现矛盾后，不能互相抱怨，甚至辱骂、攻击对方，而应当时刻保持冷静，学会包容，让其他成员都充分发表自己的看法，并认真倾听，换位思考，从而促进矛盾的化解。

素养检修段

根据个人实际情况，回答下列问题，进行自我分析。

（1）你与哪些人合作过？你是否了解他们？

（2）在合作过程中，你是否与其他团队成员产生过矛盾？你是如何处理这些矛盾的？

（3）你认为你现在需要采取什么样的措施来提高自己的合作能力？

二、强化合作能力的方法

城市轨道交通员工可以通过以下方法强化自己的合作能力。

（一）积极融入团队

如何快速融入新团队

在合作之前，城市轨道交通员工首先要了解自己所在团队的情况，包括团队目标，团队的规章制度，团队各成员的优势、特点等，为后续工作做好准备。

在进入团队之初，城市轨道交通员工要积极参加团队活动，发掘自己与团队其他成员之间的共同兴趣，进而快速消除陌生感，尽快与团队成员建立起良好的人际关系，培养集体荣誉感。

在合作过程中，城市轨道交通员工要积极与其他团队成员沟通，了解他人遇到的困难，察觉他人的不良情绪，及时给予力所能及的帮助，从而与其他团队成员建立起互信互助的关系，优化团队氛围，提高团队工作效率。

（二）找准角色定位

团队角色的类型

在一个团队中，每个成员的行为模式都有所不同，所扮演的角色也各不相同。例如，有的人是实干者，性格内向，但勤劳肯干，总是能够根据团队需要完成指定任务；有的人是创新者，思想前卫，对许多问题有着独到的见解；有的人是监督者，沉着冷静，做每一件事都要经过谨慎思考和判断，可以监督团队各项工作的开展情况；有的人是凝聚者，善于调节人际关系，能够随机应变，化解团队中的各种矛盾冲突，提高团队凝聚力……在确立了共同目标，明确了基本工作流程后，团队各成员都应结合自身条件对自己进行准确定位，发挥优势，回避劣势，实现“一加一大于二”的效果。

思维调度室

除了实干者、创新者、监督者、凝聚者等角色以外，团队中还会出现哪些角色？你在团队中一般会扮演哪些角色？

（三）培养付出精神

团队合作离不开团队各成员的付出。在日常工作中，城市轨道交通员工要主动承担责任，积极为团队贡献价值；如果自己在团队中的地位不够突出，则要服从安排，甘当陪衬，踏踏实实做好本职工作；当个人利益与团队利益发生冲突时，要以团队利益为重，顾全大局。

（四）提高个人实力

根据“木桶原理”（见图3-14），一只木桶的盛水量，不是取决于最长的那块木板，而是取决于最短的那块木板。同理，一个团队的整体实力，不是取决于实力最强的团队成员，而是取决于实力最弱的团队成员。城市轨道交通员工在工作中应当有意识地提高自己的综合能力，增强核心竞争力，避免成为团队的“短板”。

图3-14　木桶原理

任务实施

合作能力评价与讨论

（1）全班学生自由分组，每组2～3人。分组时，要确保各组成员均有过多次合作。

（2）各组成员根据合作经历，谈谈自己与其他成员合作的感受，并对自己的合作能

力进行客观评价。针对自己合作能力的不足之处，提出改进方案，并在组内进行讨论。

（3）将评价与讨论结果制作成PPT，选一名代表上台讲解。

（4）教师组织学生讨论，并对学生的任务实施情况进行点评。

任务五 提高创新能力

任务导入

近年来，随着交通强国战略的提出和智慧城市的部署，全国不少地区开始了智慧城轨探索。例如，上海市在2020年发布了《上海智慧地铁建设与发展纲要》，系统性地阐述了上海智慧地铁的建设蓝图，全面推进示范工程建设应用；北京市于同年发布了《首都智慧地铁发展白皮书》，明确了智慧地铁建设顶层设计与功能规划；西安市在2021年发布了《西安智慧城轨发展纲要（2021—2035年）》，提出了西安智慧城轨的建设思路与实施路径。

在一些城市中，轨道交通智慧客服、智能运行、智能维护、智能管理等场景已经初步成型。但有专家指出，我国的城市轨道交通在智能制造和智能运营服务等方面的实力还有待加强。在这一背景下，城市轨道交通行业对创新型人才的需求增加，对城市轨道交通员工的创新能力也提出了更高的要求。

请思考：智慧城轨建设对城市轨道交通员工的创新能力提出了哪些要求？城市轨道交通员工应当如何提高自己的创新能力？

一、创新能力的作用和影响因素

创新能力是指人们运用已有的理论知识，在技术和各种实践活动领域，不断提供具有一定价值的新思想、新理论、新方法和新发明的能力。创新能力与其他能力的区别在于其结果的新颖性与独创性。

（一）创新能力的作用

创新能力对城市轨道交通运营企业的发展与城市轨道交通员工的个人发展都具有重要作用。对企业而言，只有具备一定的创新能力，才能打破自身发展局限，创造出更多适

应市场需求的产品与服务。对员工而言，创新能力是个人谋求事业发展、实现自我价值的重要保障。

（二）创新能力的影响因素

1．创新兴趣

创新兴趣是创新的源泉。如果一个人对创新不感兴趣，就无法积极投身对新事物的探索，也就很难取得创新成果。

创新兴趣也是创新的动力。创新是一个持久的过程，需要人们投入大量的时间与精力，不断学习、思考、实践、总结。如果没有兴趣作为支撑，这一过程就很难坚持下去。

城市轨道交通员工在工作中应当保持好奇心，培养敏锐的洞察力，善于发现问题，从而激发自己的创新兴趣，调动创新的积极性。

2．创新意识

创新意识是引发创新活动的前提条件。只有具备了创新意识，认识到创新的价值与重要性，才能主动规范和调整自己的行为方向，促使自己主动创新。城市轨道交通员工应当加强对创新的认识，主动培养自己的创新意识。

3．创新思维

创新思维能够使人突破常规思维的界限，从独特的角度去思考问题，并提出与众不同的解决方案，从而产生新颖的、有意义的思维成果。在工作当中，许多人为了避免出错而不敢冒险求异，或受限于习惯的事物而不愿主动挑战，导致思维具有局限性和片面性，解决问题的思路过于狭隘。城市轨道交通员工应当重视对创新思维的培养，使自己养成从多方位、多角度思考问题，并运用多种方法解决问题的良好习惯。

4．创新方法

创新方法是人们经过归纳、分析与总结而得出的一些关于创新的程序、技巧等。正确地使用创新方法可以帮助个人节省精力，快速地将创新思维转化为创新成果。城市轨道交通员工应当掌握并学会灵活运用各种创新方法，从而增强创新的实效性。

5．创新意志

创新的过程不是一帆风顺的，常常伴随着挫折与失败。城市轨道交通员工在面对创新过程中的挫折与失败时，要坚定创新自信，克服畏难心理，磨炼自己的创新意志，以坚定的意志支撑自己持续前行。

二、提高创新能力的方法

要想提高创新能力，城市轨道交通员工应当在培养创新兴趣和创新意识的基础上，突破思维定势，培养创新思维，并掌握一些常见的创新方法。

（一）突破思维定势

思维定势又称惯性思维，是一种在长期的思维活动中形成的较为稳定的心理状态。在某些情境下，思维定势可以帮助个人应用已掌握的方法快速解决问题；但当情境发生变化、需要创新时，思维定势又会变成个人发展的阻碍。

1. 思维定势的表现

（1）迷信权威。有些人在解决问题时，总是不加验证地引用权威资料，且从不质疑这些资料的准确性。这种迷信权威的心理会影响创新意识，束缚创新思维。

（2）盲目从众。当自己的观点与大多数人的不同时，许多人会迫于群体压力而放弃自己的观点，接受他人的观点，这就是从众行为。从众行为在一定程度上有利于群体目标的实现，但不利于个人创新思维的开拓。

（3）囿于经验。在工作中，经验虽然具有一定的启发与指导意义，但有时也会成为个人发挥创新能力的障碍。

2. 突破思维定势的方法

要想突破思维定势，首先要敢于质疑。无论是权威资料、他人意见，还是前人或自己总结的经验，都有可能不适合用于解决当下问题，甚至是错误的。因此，城市轨道交通员工在工作中要敢于质疑、善于质疑，在质疑中提升自己的认知水平。

要想突破思维定势，需要扩展自己的知识面。许多思维定势都是由信息不对称导致的，即一个人长期只接触片面的信息，就容易形成固有的思维习惯。因此，城市轨道交通员工应当重视对自己知识面的扩展，从多渠道搜集信息，从多角度看待信息。只有自己的知识面越来越广，在面对问题时才会有更多的思考方向，从而突破思维定势。

突破思维定势，还需要加强交流。不同的人有着不同的思维方式，通过交流可以交换思维方式，从他人的思维方式中获得启发。

（二）培养创新思维

有意识地培养自己的创新思维，对于提高创新能力有很大的帮助。常见的创新思维主要有以下几种。

1. 发散思维

发散思维又称辐射思维、多向思维、求异思维等，是指将思维从某一中心向不同层次、不同方向辐射，从而从多方面寻找解决问题的答案的思维方式。

不少心理学家认为，发散思维是最重要的创新思维，是衡量创新能力的主要标准之一。发散思维能使人们由单向思考转为多向思考或者立体思考，尽可能地赋予所涉及的人、事、物以新的性质，通过“一题多解”“一事多写”“一物多用”等方式产生创新成果。例如，地铁、轻轨、跨座式单轨（见图 3-15）、市域快轨等多种多样的城市轨道交通系统，都是利用发散思维，赋予轨道交通这一交通形式新形态、新功能而产生的创新成果。

图 3-15　跨座式单轨

素养检修段

> 如今，人工智能技术正在飞速发展，且在许多领域已经得到了广泛应用。你认为人工智能技术可如何运用到城市轨道交通系统中？请运用发散思维尽可能多地列举，同学们进行讨论交流。

2. 联想思维

联想思维就是将所观察到的某种现象与所要研究的对象加以关联并展开思考，从而获得新知识的思维方式。人们常说的“由此及彼”“由表及里”“举一反三”等，都是联想思维的体现。联想思维能使人扩展思维范围，开拓思维层次，升华对事物的认识，从而产生新的想法，创造出新的产品。

3. 逻辑思维

逻辑思维又称抽象思维，是指人们在认识事物的过程中，借助概念、判断、推理等，

能动地反映客观现实的思维方式。逻辑思维能使人把握事物的本质特征和规律性联系，从感性认识阶段上升到理性认识阶段。

4．逆向思维

逆向思维是指运用新的思维方式，从问题的反面探究事物的内在规律，从而获得新认识的思维方式。逆向思维能使人破除由经验和习惯造成的僵化认识模式，找到解决问题的新方法。

逆向思维

（三）掌握创新方法

常见的创新方法有很多，以下简要介绍头脑风暴法与组合创造法。

1．头脑风暴法

头脑风暴法又称智力激励法、自由思考法、畅谈法、集思法等，是指所有人员在融洽且不受任何限制的气氛中，以会议的形式进行专题讨论，充分发表各自看法的一种集体研讨方法，其目的在于产生新的观念或激发创新活力。

1）实施过程

头脑风暴法的实施过程可以分为准备阶段、头脑风暴阶段与评价选择阶段，如图 3-16 所示。

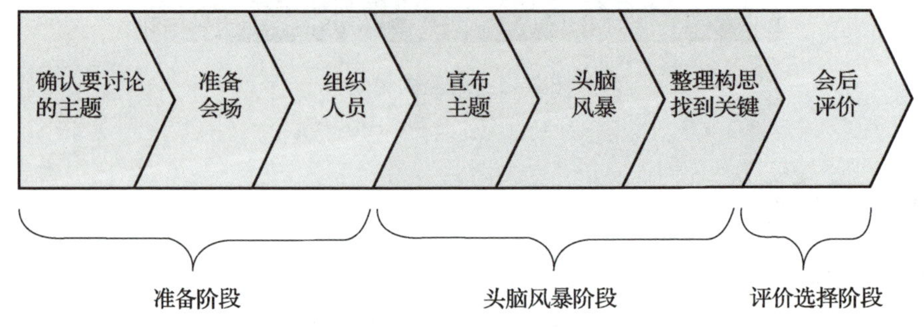

图 3-16　头脑风暴法的实施过程

各阶段的具体工作内容如下：

（1）准备阶段。在这一阶段，会议主持人首先需要确认要讨论的主题，找到问题的关键，设定解决问题所要达到的目标，同时准备会场并选定参会人员（一般不超过 10 名）；然后将会议的时间和地点、所要解决的问题、需要达到的目标等事宜提前告知参会人员，让大家做好充分的准备。

（2）头脑风暴阶段。在这一阶段，首先，会议主持人宣布本次会议的主题，介绍会议的原则与要求；然后引导参会人员自由发言，自由想象，使彼此相互补充，相互启发，真正做到畅所欲言。同时，会议记录员对各参会人员的发言做好记录。

（3）评价选择阶段。在这一阶段，会议主持人将参会人员提出的所有想法整理成若干方案，再根据相关标准进行筛选和评价，经过反复比较，优中择优，选择出 1～3 个最佳方案。

2）实施原则

实施头脑风暴法时，为保证参会人员能够畅所欲言，互相启发，所有人员必须严格遵守以下原则：

（1）自由畅谈原则。要营造自由、活跃的气氛，使参会人员不受任何条条框框的限制，解放思想，从不同角度、不同层次大胆地展开想象，各抒己见，尽可能地提出与众不同的想法。

（2）延迟评判原则。所有参会人员不能当场对他人的发言做出评价或判断，一切评价和判断都要延迟到会议结束之后才能进行。

（3）禁止批评原则。所有参会人员都不得批评他人提出的设想，即使自己认为他人的想法是幼稚的或是错误的，甚至是荒诞离奇的，也不得予以驳斥。

（4）追求数量原则。所有参会人员都要抓紧时间多思考，尽可能多地提出设想。设想越多，产生好方案的可能性越大。

2．组合创造法

组合创造法是将两种或两种以上的技术或产品，根据原理、材料、工艺、零部件等不同属性抽取合适的要素，进行重新组合，从而形成组合优势，获得新技术或新产品的创新方法。依据组合方式的不同，组合创造法可分为主体附加法、同类组合法和异类组合法。

组合创造法的分类

主体附加法是在某种产品上附加新的部件，以拓展主体产品的功能，从而让使用者获得锦上添花式的附加利益。例如，在城市轨道交通站台加装屏蔽门（见图 3-17），可以保障乘客的人身安全；在城市轨道交通列车上安装电子显示屏，可以帮助乘客更好地掌握列车的运行动态。

图 3-17　屏蔽门

同类组合法是将两个或两个以上相同或相似的事物进行组合，在保持事物原有功能的前提下，通过数量上的变化来弥补功能上的不足。

异类组合法是将来自不同领域的两种或两种以上事物进行重叠，使其在意义、原则、构造、成分、功能等方面互相渗透，从而产生新的功能。

素养检修段

选择一件与城市轨道交通服务有关的物品，思考如何运用组合创造法对其进行创新。

精神导向牌

高煜：用创新与细心守护乘客出行路

每天早上，上海地铁虹桥火车站站的站长高煜都会早早出现在空旷的站厅，进行首班列车发车前的准备工作。直至深夜，末班列车运营结束，车站经过全面保洁和消杀后，高煜一天的工作才画上句号。对高煜而言，这是每天工作的日常。从行车值班员、值班站长到站区车站站长助理、车站站长，她的工作生涯一直与虹桥火车站站相依相伴。

一座火车站、两个航站楼、三线地铁换乘，使得虹桥综合交通枢纽成为全世界最繁忙的交通枢纽之一。高煜在工作中是一个“有心人”，十分善于观察思考。她注意到，虹桥火车站站面积非常大，服务窗口的分布较为分散，再加上客流量极大，为车站服务人员的工作带来了不少难题。“与其在服务中心被前来询问的乘客围得水泄不通，不如走出固定的窗口，主动服务。”高煜产生了这样的想法。

如何将固定式服务变为流动式服务，让乘客感受到最及时、温馨、贴近需求的帮助呢？高煜想到了速度快、站得高、看得远的电动平衡车。于是，她尝试踩着平衡车在站厅穿梭，为乘客提供服务。“有了它，乘客更容易发现我，提供引导和答疑的效率也更高了。”高煜说。经过探索和实践，这一被命名为“小煜流星轮”的特色服务正式在虹桥火车站站推广，使地铁窗口服务效率提升了30%，服务响应速度提升了50%。

2021年，为进一步促进“智慧车站”建设，高煜又引入了“小煜智能机器人”，使之成为虹桥火车站站服务团队“成员”之一。它既能为乘客解答简单的问题，又有多元互动功能，遇到自身无法解决的问题，还能够帮助乘客和工作人员连线远程

视频，进一步提升了乘客的乘车体验。

十余年间，高煜始终扎根在车站运营和管理的最前线，创新服务的脚步也从未停下。她带领团队共完成了 11 项车站改造，并通过劳动竞赛、职业技能竞赛等各种平台，使团队的青年员工获得了更为专业的培训，将先进的工作理念、精益求精的服务态度传递下去。2022 年，她荣获全国五一劳动奖章，并当选党的二十大代表。

（资料来源：《中华儿女》2022 年 10 期，作者赵汉琪，有改动）

任务实施

头脑风暴讨论会

全班学生自由分组，以“城市轨道交通服务改进措施”为主题，组织头脑风暴讨论会，并在课堂上汇报讨论成果。

（1）全班学生自由分组，每组 6～8 人，其中一人为会议主持人，一人为会议记录员。

（2）各组会议主持人按照头脑风暴法的实施过程组织会议。小组成员通过实地调研或上网查找资料，找出城市轨道交通服务中存在的问题，并从不同角度提出改进措施。会议记录员将各成员所提的问题与建议全部记录下来。

（3）各组会议主持人整理会议记录，从中筛选出可行性方案并进行评估。

（4）各组会议主持人在课堂上以 PPT 的形式汇报讨论成果，教师从创新性、实用性、可操作性等方面对各组的讨论成果进行点评。

任务六　培养其他能力

任务导入

小文是某城市轨道交通运营企业的员工，自从参加工作以来，他一直保持着一个习惯，就是每天提前 15 分钟上班，推迟 15 分钟下班。

有人问他为什么要这么做，他回答说：“每天提前 15 分钟到达，可以根据一天的工作任务制订工作计划，这样一来，当别人还在考虑当天该做什么时，我已经开始行

动了。每天推迟 15 分钟离开，可以对当天的工作做一个系统的总结，并为明天的工作做好准备，这样工作条理就会更加清晰。”

正是靠着这个习惯，小文的工作效率与工作质量稳步提升，每天都能有条不紊地完成各项工作任务。他的职位晋升速度也比别人快得多，短短几年时间，他已经从一名普通员工变成了客运部的副经理。

请思考：为什么小文能够取得成功？除了前文所介绍的各种能力之外，城市轨道交通员工还应具备哪些能力素养？

一、时间管理能力

时间管理是指运用一定的技巧、方法或工具，规划、管理自己的工作与生活，合理、有效地利用可支配时间，从而实现既定目标的过程。城市轨道交通员工应当正确地认识时间，学会制订时间计划和评估时间利用情况，并了解时间管理法则，从而提高自己的时间管理能力。

（一）正确认识时间

时间是一种特殊的资源，许多人无法做到高效地利用时间，是因为没有形成对时间的正确认识。城市轨道交通员工要想提高时间管理能力，首先应当学会正确认识时间，了解时间的基本特征。时间具有以下几个基本特征：

（1）无法积累。与人力、物力、财力相比，时间资源最重要的特征就是无法被积蓄、储藏，以备随时调用。

（2）无法再生。时间是不可再生资源，一旦失去，就再也无法找回或重新生产。

（3）无法取代。任何活动都需要花费时间，因此时间是无法被取代的基本资源。

（4）无法掌控。时间的供给量是固定不变的，在任何情况下都不会增加、减少或加快、减慢，不受人的掌控，无法像其他资源一样被调节。

（二）制订时间计划

制订时间计划是管理时间的第一步。常见的时间计划包括日计划、周计划、月计划与年计划。

番茄时间管理法

日计划是最基础也是最重要的计划，必须详细、合理。在日计划中，要将每天要做的事尽可能详细地罗列出来，为其分配合理的时间，并按执行的时间顺序排列。

周计划的主要内容是一周的重要事项及相应目标。由于周计划的时间跨度稍大，在执行过程中可能出现变动，因此制订周计划时要“抓大放小”，关注最重要的任务，并明确任务目标。同时，制订周计划时，不需要按执行的时间顺序排列各项任务，但要对任务进行分类整理。

月计划的制订方式和周计划基本一致，但更加简洁，只需关注当月的核心任务与目标。

年计划的时间跨度更大，包含的内容更多，因此在制订年计划时，要将所有任务进行详细分类，并确立年度总目标。

（三）评估时间利用情况

在执行时间计划的过程中，要经常对自己的时间利用情况进行合理评估，并有针对性地进行改进。评估时间利用情况的步骤如下。

1．记录

评估时间利用情况的第一步是做好记录。例如，记录每日时间利用情况时，可以每隔一小时或在每完成一项任务后，对自己所做的工作进行记录，如表 3-1 所示。

表 3-1　每日工作记录

年　　月　　日　　星期

记录时间	任务名称	任务重要程度	任务紧急程度	完成情况
8:00				
9:00				
10:00				
……				

2．分析

在连续记录 2～4 周后，可以结合计划对自己的时间利用情况进行分析。通过分析，应当弄清楚以下问题：

（1）各任务的实际完成时间与计划完成时间相比，提前或滞后了多少？

（2）是否有未完成的任务？未完成的原因是什么？

（3）是否出现了计划外的任务？如果有，对计划有什么影响？

（4）完成的任务中是否有不必要的事项？

（5）每天与每周的可自由支配时间有多少？这些时间都用来做了什么？

3．改进

在进行分析之后，可以采取相应措施做出改进，如调整时间分配、提高工作效率、减少不必要的事项等。

（四）了解时间管理法则

科学的时间管理法则可以指导个人更加合理地管理时间。常见的时间管理法则有四象限法则、二八定律、黄金时间法则等。

1. 四象限法则

一般而言，城市轨道交通员工在工作时，手中可能同时存在多项任务，此时可以利用四象限法则判断这些任务的优先顺序，以制订合理的时间计划。

四象限法则将工作任务按照重要程度和紧急程度划分在四个象限内，分别为重要且紧急、重要但不紧急、不重要且不紧急、紧急但不重要，如图 3-18 所示。

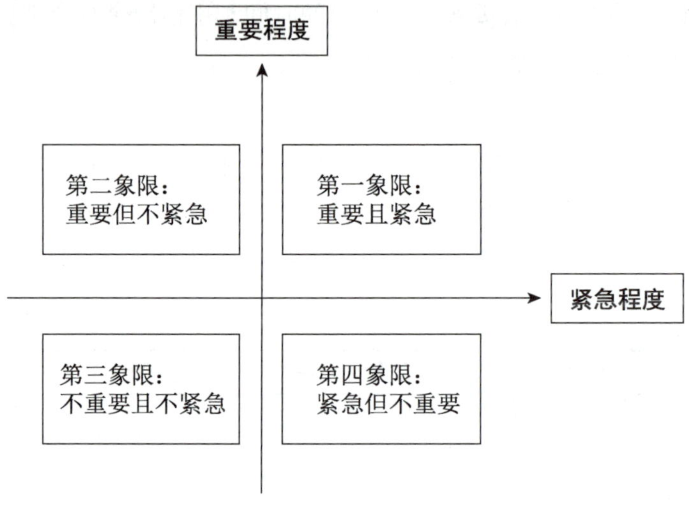

图 3-18　时间管理四象限

四个象限的具体内容如下：

（1）第一象限：重要且紧急。这一象限包括突发紧急情况、有期限要求的工作任务、重大项目的谈判、重要的会议等。这些事情都具有时间紧迫、影响重大的特点，无法回避也不能拖延，必须优先处理。

（2）第二象限：重要但不紧急。这一象限包括建立人际关系、积累业务知识、规划个人发展等。这些事情在时间上并不紧迫，但是对个人的发展非常重要。

（3）第三象限：不重要且不紧急。这一象限包括对工作质量、个人提升帮助不大的琐事、杂事，城市轨道交通员工在工作中应当尽量减少花在这些事情上的时间，从而提高时间的利用效率。

（4）第四象限：紧急但不重要。这一象限极易与第一象限混淆，因为很多紧急的事容易让人误以为很重要。但事实上，有些紧急的事情无法带来任何价值或对自己的工作没

有任何帮助。对于这些事情，应当简单处理，避免在这类事情上耗费过多时间。

2．二八定律

二八定律认为，20%的因素控制或操纵着80%的局面。也就是说，在任何工作任务中，最重要的事项只有20%，其余80%虽然占多数，但却是次要的。把握住20%的重要事项，有可能获得80%的收益。

由此可以看出，在工作中遇到的所有事情并不是同等重要的，城市轨道交通员工应学会分辨工作事项的重要程度，准确地找出20%的重要事项，并把主要的时间和精力集中在处理这20%的重要事项上。

3．黄金时间法则

黄金时间法则认为，每天存在一个黄金时间段，在这一时间段内，人的头脑最清醒、精力最充沛、思维最活跃、注意力最集中、心情最愉悦，在这一时间段内学习或工作，可以取得最高的效率。

每个人的黄金时间各有不同，城市轨道交通员工应当了解自己在不同时间段内的身心状况，利用自己的精力变化周期合理安排时间。例如，将重要的、复杂的、创造性的工作安排在黄金时间段进行，而将不重要的、琐碎的、重复性的工作安排在自己的精力减退期进行。

二、信息处理能力

当今时代被称为“信息时代”，在这一时代，信息处理能力是一项非常重要的个人能力。城市轨道交通员工应当重视对信息处理能力的培养，提高自己获取信息、甄别信息与利用信息的能力。

（一）获取信息

获取信息是处理信息的第一个环节。要想准确地获取有效信息，不能盲目地寻找，需要做好以下工作。

1．确立获取信息的目标

在获取信息前，要先确立获取信息的目标，明确要获取什么样的信息、为什么要获取这些信息、这些信息可以用于解决哪些问题。只有明确了目标，才能提高信息获取的效率与准确性。

2．确定获取信息的范围

在信息时代，信息量的快速增长既为人们获取信息带来了便捷，也带来了一定的阻碍。

在海量的信息当中，如何挑选到自己想要的信息，成了获取信息的难点。因此，在确立了获取信息的目标后，城市轨道交通员工要根据需求确定获取信息的范围，避免漫无目的地查找导致时间的浪费。例如，想要了解人员管理方面的知识，应当从社会科学类的资料中查找；想要了解设备维修方面的知识，应当从工程技术类的资料中查找。

3．选择合适的信息获取方式

城市轨道交通员工应当根据需求，选择合适的信息获取方式，提高信息的权威性。例如，想要了解乘客对某项服务的满意程度，应当亲自访问、调查（见图 3-19），获取直接信息；想要了解某设备的工作原理，应当查阅专业书籍或权威网站，获取经他人整理后的间接信息。

图 3-19　乘客满意度调查

（二）甄别信息

初次获取的信息不一定都是准确的，在获取信息后，城市轨道交通员工应当仔细甄别，以免被误导。甄别信息的方法如下：

首先，要判断信息的来源是否权威，信息来源的权威程度往往决定着信息的可信度。城市轨道交通员工要尽量选取权威资料作为自己的信息来源，如行业政策法规、正版专业书籍、高水平期刊等。

其次，应当从多渠道搜集信息，进行对比。城市轨道交通员工要谨慎对待单一来源的信息，因为这类信息有可能是片面的，容易造成误导。而从多渠道搜集到的信息可以相互补充，相互验证，具有较高的可信度。

再次，在有条件的情况下，要对信息进行检验，包括逻辑推理与实践检验等，确认信息的准确性与真实性。

最后，对于有所怀疑的信息，要尽可能地溯源，还原信息的原貌。

素养检修段

全班学生按一定顺序排列，每人准备一张纸与一支笔，进行传话游戏，流程如下：

（1）第一名学生在纸上写一句话，要求 50 字左右。

（2）第一名学生将纸传给第二名学生，第二名学生在 10 秒以内记住这句话，然后默写下来。

（3）第二名学生将默写的句子传给第三名学生，以此类推。

（4）最后一名学生将句子默写完后，和第一名学生共同上台，展示自己所写的内容。其他学生将两人所写的内容与自己写的内容做比较。

（5）全班学生进行讨论，发表感想。

（三）利用信息

在获取、甄别信息后，要对信息进行合理利用，使其转化为实际价值。利用信息的步骤包括加工整合、实践应用与评价创新。

利用信息的第一步是对信息进行加工整合，使其有序化、系统化，然后通过合适的介质储存起来，以便随时调用，也便于在团体合作中实现信息共享。城市轨道交通员工应当学会使用常用的办公软件、工具等，高效且合理地加工整合、储存信息。

经过加工整合后，要通过实践将信息用于解决实际问题，为个人或集体带来正面效益。

经过实践应用后，要对信息的准确性、作用、应用情况等进行评价，不断调整、优化自己的信息处理方式，并在此过程中创造出新的信息。

三、问题解决能力

问题解决能力是指一个人通过对问题的分析和探究，寻找和实施解决方案的能力。城市轨道交通员工应当培养问题意识，了解合理的问题解决步骤，以此提高自己的问题解决能力。

（一）问题意识

解决问题的前提是培养问题意识。只有具备了问题意识，才能敏锐地发现问题，并正确地对待问题。

培养问题意识需要有否定现状、追求真理的精神。城市轨道交通员工在工作中，不仅要勤思考、敢质疑，而且要具有责任感与使命感，勇于打破常规，发现潜藏在惯例与规则当中的问题。

知识联络线

4M 检核法

4M 检核法即“人—机—料—法”分析法，是指对作业人员（man）、设备（machine）、材料（material）、作业方法（method）进行检核，以发现潜在问题的方法，如表 3-2 所示。

表 3-2　4M 检核法

检核类别	潜在问题
作业人员	作业人员是否遵守作业标准？作业人员是否经常出现失误？作业人员的工作技能是否达到要求？作业人员是否有工作热情？
设备	设备是否经常停机或不受控？设备是否便于操作？设备是否安全？设备是否符合作业要求？
材料	材料质量如何？材料的库存数量是否充足？材料的存放、运输方式是否合适？材料的成本如何，是否能够更低？
作业方法	作业方法是否符合规范？作业方法是否高效？作业前后的准备与衔接工作是否方便？作业的安全性如何？

（二）问题解决步骤

1．分析问题

城市轨道交通员工在工作中发现问题后，首先要对问题进行深入分析，具体包括以下几个方面：

（1）问题是如何产生的？

（2）如果有多个问题，哪一个是核心问题？

（3）解决问题是为了达成什么样的目标？

（4）怎样确定问题已经解决、目标已经达到？

2．提出方案

在全面分析问题的基础上，城市轨道交通员工可以针对问题提出解决方案。一个问题往往有多种解决方案，城市轨道交通员工可以在提出方案后，经过小规模实验、测验等评估各方案的有效性，选出一个最佳方案。

3．实践检验

问题解决方案应当在实践中接受检验。如果未能达到预期效果，城市轨道交通员工应当重新回到第一个步骤，再次分析问题、提出方案并重新检验。如果达到了预期效果，问

题得以解决，则城市轨道交通员工应尝试针对这一问题与解决方法，制订相应的标准并执行，避免同类问题再次发生，或再次发生时可以得到快速解决。

任务实施

时间管理能力、信息处理能力、问题解决能力分析与讨论

（1）全班学生自由分组，每组 6～8 人。

（2）各组成员对自己的时间管理能力、信息处理能力与问题解决能力做出客观评价，并针对不足之处提出改进方案，在组内进行讨论。

（3）将分析与讨论结果制作成 PPT，选一名代表上台讲解。

（4）教师组织学生讨论，并对学生的任务实施情况进行点评。

项目总结

城市轨道交通员工的隐性职业素养包括沟通能力、学习能力、执行能力、合作能力、创新能力等。

沟通可以分为正式沟通与非正式沟通，或语言沟通与非语言沟通，这些不同形式的沟通在城市轨道交通工作中发挥着很大的作用。城市轨道交通员工应当掌握沟通的基本技巧，在沟通前了解沟通对象，在沟通时能够有效表达并善于倾听，同时还要有针对性地提升与同事、乘客的沟通能力。

学习能力主要由观察力、记忆力、思维能力、注意力等构成。城市轨道交通员工应当拓宽学习渠道，选择合适的学习方法，并将学习与实践相结合，全面深化自己的学习能力。

执行能力可以分为个人执行能力与团队执行能力。城市轨道交通员工应当掌握增强执行能力的方法，按时、按质、按量地完成工作任务，不断追求进步。

合作可以提高团队成员的积极性，增强团队凝聚力，提高工作效率。在合作中，城市轨道交通员工要以平等友善的态度对待他人，主动与他人交流，保持谦虚的态度，并学会及时化解合作中的矛盾。城市轨道交通员工应当积极融入团队，找准自己在团队中的角色定位，培养自己的付出精神，并努力提高个人实力，以此来强化自己的合作能力。

创新能力对城市轨道交通运营企业的发展与城市轨道交通员工的个人发展都具有重要意义。创新能力的影响因素有创新兴趣、创新意识、创新思维、创新方法、创新意志等。为了提高创新能力，城市轨道交通员工应当突破思维定势，培养创新思维，并掌握一些常

见的创新方法。

此外，城市轨道交通员工还应正确认识时间，学会制订时间计划、评估时间利用情况，了解时间管理法则，提高时间管理能力；及时获取信息、正确甄别信息、合理利用信息，提高信息处理能力；培养问题意识、了解问题解决步骤，提高问题解决能力；等等。

学习成果检测

1. 选择题

（1）（　　）是群体活动的基础，也是企业管理的核心。

A. 沟通　　B. 学习　　C. 执行　　D. 创新

（2）（　　）是一种综合能力，主要由观察力、记忆力、思维能力、注意力等构成。

A. 沟通能力　　B. 学习能力　　C. 执行能力　　D. 合作能力

（3）思维定势的表现不包括（　　）。

A. 囿于经验　　B. 盲目从众　　C. 迷信权威　　D. 打破常规

（4）（　　）是最基础也是最重要的计划，必须详细、合理。

A. 日计划　　B. 周计划　　C. 月计划　　D. 年计划

2. 填空题

（1）城市轨道交通员工的主要学习渠道有__________、__________与他人教学等。

（2）__________是把目标转化为结果的能力，是完成任务的意愿、能力与程度的综合体现。

（3）__________是指将思维从某一中心向不同层次、不同方向辐射，从而从多方面寻找解决问题的答案的思维方式。

（4）__________是指所有人员在融洽且不受任何限制的气氛中，以会议的形式进行专题讨论，充分发表各自看法的一种集体研讨方法。

3. 简答题

（1）在沟通时，有哪些非语言表达技巧？

（2）城市轨道交通员工如何将学习与实践结合？

（3）增强执行能力的方法有哪些？

（4）简述合作的作用和原则。

（5）简述创新能力的影响因素。

学习成果评价

请进行学习成果评价，并将评价结果填入表 3-3 中。

表 3-3 学习成果评价表

班级		组号		日期	
姓名		学号		指导教师	
项目名称	城市轨道交通员工能力素养				
评价项目	评价内容			满分	评分
理论知识（40%）	沟通能力			6	
	学习能力			6	
	执行能力			6	
	合作能力			6	
	创新能力			6	
	时间管理能力			4	
	信息处理能力			3	
	问题解决能力			3	
实践技能（40%）	能够恰当地运用各种沟通技巧			6	
	能够将学习与实践相结合			6	
	能够通过合作提高工作效率			6	
	能够运用创新思维和创新方法进行创新			6	
	能够制订合理的时间计划			6	
	能够正确地处理信息			5	
	能够及时发现工作与学习中存在的问题			5	
综合素养（20%）	积极参加学习活动，主动思考、讨论			5	
	具备良好的学习态度，能够主动学习、持续学习			5	
	认识到各种职业能力的重要性，有意识地培养自己的沟通能力、学习能力、执行能力、合作能力、创新能力等			10	
合计				100	
自我评价					
教师评价					

项目四

城市轨道交通员工行为素养

行为素养是最能够被他人直观感受到的显性职业素养。城市轨道交通员工在工作中要严格遵守仪容礼仪、服饰礼仪、仪态礼仪、语言礼仪等，以提高乘客的满意度与信任感，并为公共交通服务行业树立良好的形象。同时，城市轨道交通员工还需要了解职业习惯的相关知识，养成良好的职业习惯。

知识目标

- 掌握仪容礼仪、服饰礼仪、仪态礼仪与语言礼仪。
- 了解握手礼仪、递接物品礼仪、电话礼仪。
- 了解职业习惯的作用与养成方式。
- 熟悉城市轨道交通员工职业习惯要求。

素质目标

- 认识到礼仪对个人形象的重要性，在日常生活中注意言行举止，遵守礼仪，塑造良好的个人形象。
- 认识到习惯的重要性，养成良好的生活习惯与学习习惯。
- 了解全国劳动模范廖明的事迹，培育敬业精神，传承工匠精神。

任务一　遵守职业礼仪

任务导入

小张和小刘均为某城市轨道交通客运站的站务员，平日里两人关系很好。有一天，两人在换完班后，勾肩搭背、有说有笑地从站台往办公室走，有时甚至笑得很大声，引得周围乘客纷纷看向他们。

有同事主动上前提醒他们：“你们还穿着工作制服，应当注意自己的行为，不要给乘客留下不好的印象。”小张和小刘却不以为然地说道：“我们已经下班了，不用这么守规矩。”结果第二天，小张和小刘就被值班站长点名批评了。

请思考：小张和小刘为什么会被批评？城市轨道交通员工应当遵守哪些职业礼仪？

一、仪容礼仪

城市轨道交通员工的仪容礼仪对塑造个人形象具有重要作用，能直接影响乘客对自己的印象。城市轨道交通员工应当对自己的头发、面部与手部进行合理修饰，以塑造良好的职业形象。

（一）头发修饰

在工作时，城市轨道交通员工的头发必须保持干净、整洁。为此，城市轨道交通员工应当勤洗头，并注意对头发的护理与保养。此外，还应养成勤梳头的习惯，最好随身携带发梳，在出门上班前、换装上岗前、摘下帽子时及其他必要时刻，都应梳理头发，但不能在公共场所梳头，也不能直接用手梳头。

男性员工的头发应长短适中，前发不能遮眉，侧发不能掩耳，后发不能及衣领，鬓角处的头发不能太长，如图 4-1 所示。

女性员工可留卷发或直发，但发型不能过于奇特，刘海不能遮住眼睛，且应露出耳朵。若留长发，应将长发盘于脑后，并收于发网中，保持两鬓光洁，如图 4-2 所示。

图 4-1 男性员工发型示例

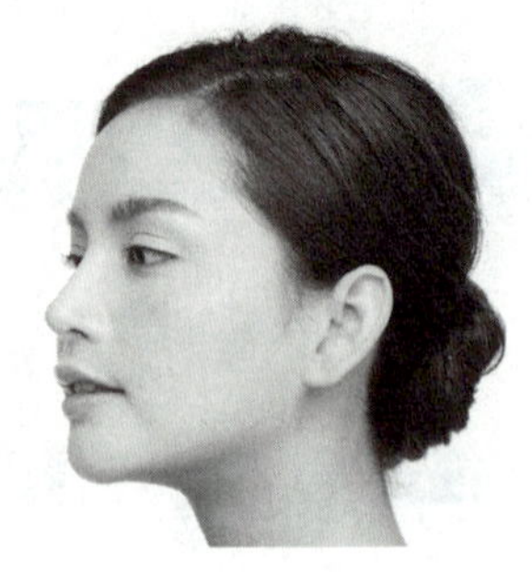
图 4-2 女性员工发型示例

（二）面部修饰

城市轨道交通员工应当保持面部干净、自然、美观，具体要求如表 4-1 所示。

表 4-1 城市轨道交通员工面部修饰要求

修饰部位	要求
眉	洁净、整齐，可适度修眉，眉形自然完整，眉色与发色接近
眼	无分泌物，不充血，不斜视
鼻	鼻孔干净，不流鼻涕，鼻毛不外露
嘴	嘴唇颜色健康自然；嘴角干净，无分泌物；牙齿整齐、洁白；口气清新，无异味
耳	干净，外耳无分泌物

如果需要化妆，城市轨道交通员工应当化较为自然的淡妆，避免浓妆艳抹。如果在工作中脱妆，应当及时补妆，不能以残妆示人。化妆或补妆应在洗手间或更衣室等较为私密的空间内进行，不能在公共场所，尤其是站厅或站台等乘客较多的场所当众化妆。此外，男性员工应勤刮胡须。

（三）手部修饰

城市轨道交通员工在为乘客服务的过程中，需要用手做出各种礼仪动作。手部不洁净，手部皮肤粗糙或干裂，都会使员工的形象大打折扣。因此，在日常工作中，城市轨道交通员工应注重对手部的修饰。

具体来说，城市轨道交通员工应做到：① 保持手部干净；② 不留长指甲，指甲内部不能有污垢；③ 不涂颜色过于艳丽的指甲油，也不在指甲上做任何装饰，如贴指甲片。此外，城市轨道交通员工不能在公共场所修剪指甲或啃咬指甲。

案例展示窗

美甲不“美”

小洪是一名城市轨道交通站务员，她很爱漂亮，在入职后依然经常贴美甲片。同事多次告诫她，这样会使员工显得不够稳重，且美甲片在工作中容易断裂，使手指受伤，但小洪总是不以为然。

这天，小洪在伸手引导乘客换乘时，手指正好磕在了旁边的扶手上，导致美甲片断裂，手指也流出了鲜血。小洪连忙去医务室进行包扎，将乘客晾在一边。该乘客对此非常不满，小洪也因这次事故受到了站长的批评。

有了这次教训后，小洪决定再也不贴美甲片了，因为她意识到，美甲并不能体现城市轨道交通员工真正的美，得体的仪容仪表才是真正美的体现。

二、服饰礼仪

城市轨道交通员工在工作时，通常需要穿制服（见图 4-3）。城市轨道交通员工应当规范着装，并注意着装的细节，从而为乘客留下良好的印象。

图 4-3　城市轨道交通员工制服

（一）制服着装要求

（1）制服要熨烫挺括，干净、整洁，无缺扣、破损、褶皱，并且不得有异味。

（2）制服大小要合身。

（3）穿制服时，要扣好纽扣，不可缺扣、错扣；不可将衣领竖起；不可卷袖、挽裤。

（4）制服口袋仅限放工作证等扁平物品或者体积较小的操作工具，以免制服变形。

（5）季节更替时，要按照规定统一更换制服，不得擅自更换。

（二）制服搭配要求

（1）工作期间要穿黑色或者其他深色的皮鞋，不得穿拖鞋、凉鞋和其他裸露脚趾的鞋。要定期清洗和保养皮鞋，并时刻保持鞋面光洁。

（2）工作期间要穿与皮鞋颜色相匹配的深色袜子。夏天，女性员工在穿裙装时，所穿的长袜的颜色应与肤色相近。

（3）在穿衬衣时，要保持衬衣干净、整洁，要将袖口扣好，不可卷起，将衬衣下摆束于长裤内，衣扣全部扣好。

（4）戴帽子时，帽徽应朝向正前方，不得歪戴帽子。男性员工在戴帽子时，应使帽檐边与眉毛保持水平，不露额头。女性员工在戴帽子时，应使帽檐保持在额头的 1/2 高度处，且不得露出刘海。

（三）饰品和工牌佩戴要求

1．饰品佩戴要求

城市轨道交通员工在工作时佩戴的饰品应以少为佳，且美观大方、不妨碍工作。具体来说，城市轨道交通员工在佩戴饰品时应遵循以下几点要求：

（1）只能佩戴一枚戒指，且不能佩戴有明显凸起物的戒指，以免刮伤他人。

（2）若佩戴项链，应将其藏于衣领内，不可外露。

（3）不佩戴手链、脚链。

（4）宜佩戴机械表、电子表，不宜佩戴卡通表、运动表等。

（5）男性员工不可佩戴耳饰。女性员工可佩戴较小的、设计较为简单的耳饰（见图 4-4）；不能佩戴悬挂式耳饰、过大的耳饰、造型过于夸张或颜色过于夺目的耳饰。

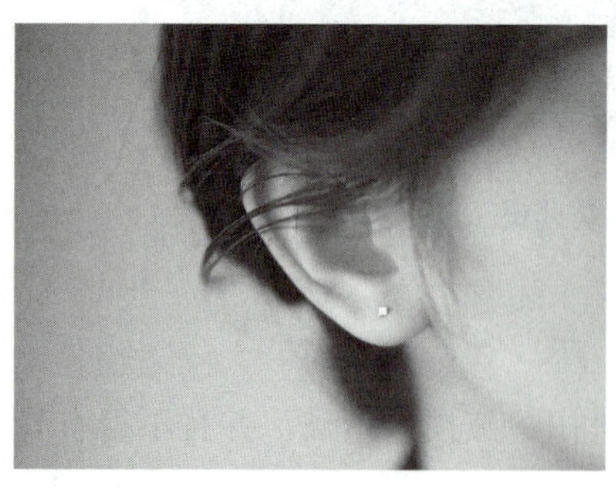
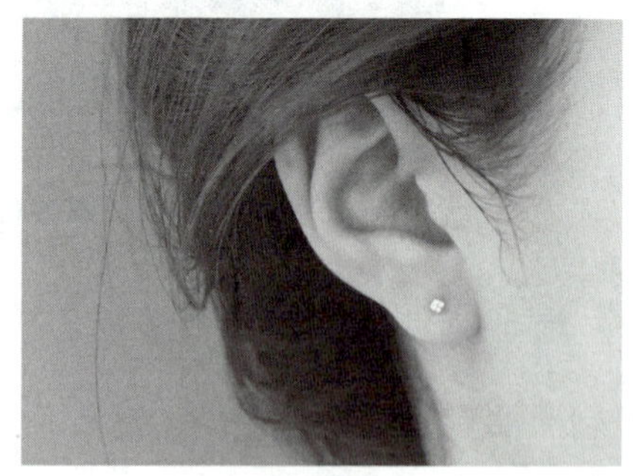

图 4-4　耳饰

（6）若需要佩戴眼镜，宜佩戴镜片全透明的眼镜，并且保持镜片洁净、明亮、不缺边角。

2. 工牌佩戴要求

城市轨道交通员工在工作期间应按规定佩戴工牌。工牌可以分为挂绳式工牌与非挂绳式工牌，不同类型工牌的佩戴要求如下：

（1）佩戴挂绳式工牌时，应将有照片和名字的一面朝向乘客，并将工牌绳露在制服外，不能塞进衣领下或外套内。

（2）非挂绳式工牌应佩戴在制服左上侧兜口的正上方位置，并保持水平。

三、仪态礼仪

仪态是指在社交活动中，人们身体呈现出来的各种姿态，包括站姿、坐姿、行姿、蹲姿、手势等。仪态是一种无声的语言，通过一个人的仪态，可以了解其内在修养和思想感情。城市轨道交通员工应当掌握正确的仪态礼仪，在工作中展现良好的个人风貌与修养。

（一）站姿

城市轨道交通员工的站姿应当自然且稳重，如图 4-5 所示。站立时，要将头摆正，双目平视前方，下颌微收；保持双肩齐平、腰部挺直，双臂放松并自然垂于体侧，手指自然弯曲；挺胸收腹，收紧臀部；双腿并拢或略微分开。

图 4-5 城市轨道交通员工的站姿

城市轨道交通员工在工作时，可以根据场合的不同略微调整站姿。例如，男性员工在站台立岗时，可以将双手交叉于身后，左手握住右手手腕，自然贴于背部，双脚分开，脚间距保持在肩宽以内，形成背手分腿式站姿（见图 4-6）；女性员工在与乘客交流时，可以将双手虎口交叠于腹前，手指伸直但不外翘，双腿并拢直立，双脚脚跟靠紧、脚尖分开，形成扇形步站姿（见图 4-7）。

图 4-6　背手分腿式站姿

图 4-7　扇形步站姿

在工作中，城市轨道交通员工应当避免出现站姿不规范的现象，如身体歪斜、弯腰驼背、双臂交叉抱胸、双手插入口袋、双腿交叉、倚靠墙壁、抖腿等。

素养检修段

请按照以下方法练习站姿：

（1）背靠背站立法。两人一组，背靠背站立，脚后跟、小腿、双肩、后脑勺相互贴紧。

（2）九点靠墙练习法。脚后跟、小腿、臀尖、肩膀和后脑勺贴墙，保持标准站姿。

（3）顶书练习法。男同学通过头顶一本书来练习标准站姿，女同学通过头顶一本书并在两膝之间夹一张纸来练习标准站姿。

（二）坐姿

城市轨道交通员工应当注意自己入座、在座与离座时的姿态。

入座时，要走到座位前面，转身背对座位，双腿弯曲，缓慢坐下。女性员工入座前应轻拢裙摆，保持裙子平整、不起皱。

在座时，要保持头部端正，双目平视，嘴唇微闭，双肩放平，腰部挺直，双臂自然下垂，双手放于大腿上。女性员工应双膝并拢，双腿正放或侧放；男性员工可双膝微开，双腿自然弯曲，双脚平落地面。宜坐椅面的1/2～2/3，不宜坐满椅面。

离座时，要将一只脚后收半步，找到支撑点后再起立。起立时应保持上身平稳、端正，不能弯腰或左右摇摆。

在工作中，城市轨道交通员工应当避免出现以下坐姿不规范的现象：① 上身歪斜，侧肩、斜肩或耸肩；② 含胸驼背或过于挺胸；③ 双臂交叉抱于胸前或双手交叉抱于脑后；④ 双手环抱膝盖或夹在腿间；⑤ 趴伏在桌面上，或将头倚靠在椅背上；⑥ 跷二郎腿；⑦ 双腿过于分开或双脚向前伸出；⑧ 抖腿或用脚持续敲打地面。

（三）行姿

城市轨道交通员工要以规范的行姿展示人体的动态美，展现出朝气蓬勃、积极向上的精神状态。在行走时，要做到头部端正，双目平视，下颚内收，表情自然；躯干挺直，双肩平稳，挺胸收腹；脚尖朝正前方迈出，脚跟先着地，脚掌后着地，步幅适中；双臂自然摆动，摆动节奏与摆幅适宜。

在不同情况下，城市轨道交通员工可对行姿做出不同调整。例如，在与乘客迎面相遇时，应放慢脚步，向乘客致意或问候；乘扶梯、走通道时，应放慢脚步，礼让乘客；引导乘客时，应走在乘客侧前方，且走在靠外的一侧，并与乘客的行走速度保持一致。

在工作中，城市轨道交通员工应当避免出现以下行姿不规范的现象：① 低头或仰头行走，摇头晃脑或左顾右盼；② 行走时晃肩、扭臀；③ 多人行走时勾肩搭背；④ 走“内八字”或“外八字”；⑤ 行走速度过快或过慢；⑥ 行走时拖蹭地面或踮脚走路。

（四）蹲姿

城市轨道交通员工在工作中经常会遇到需要采用蹲姿的情景，如捡拾物品、与儿童交流等。此时，如果蹲姿不恰当，就会给乘客留下不庄重的印象。因此，城市轨道交通员工应当掌握正确的蹲姿。

在下蹲过程中，要保持直腰下蹲，即上身端正，一只脚后撤半步，身体的重心落在后面的腿上，缓慢屈腿，臀部下移，双膝一高一低。起立过程中，也要挺直腰部，平稳起立、收步。

城市轨道交通员工常用的标准蹲姿有高低式蹲姿（见图4-8）与交叉式蹲姿（见图4-9）。高低式蹲姿即腿部自然弯曲，双膝一高一低，一脚在前、一脚在后，身体重心落于后面的腿上；男性员工应双腿分开；女性员工应双腿贴紧，将较低的膝盖靠在另一条小腿上。交叉式蹲姿即双腿交叉重叠，以压在下面的腿为支撑，腰背挺直、上身略微前倾，这种蹲姿仅限女性员工使用。

图 4-8 高低式蹲姿

图 4-9 交叉式蹲姿

在工作中，城市轨道交通员工应当避免出现以下蹲姿不规范的现象：① 行走时突然下蹲；② 正对着他人下蹲或蹲得离身边的人过近；③ 在工作时蹲着休息；④ 下蹲时弯腰撅臀；⑤ 下蹲时两脚平齐、两腿分开。

（五）手势

城市轨道交通员工在工作中经常会使用手势为乘客指引方向。在使用指引手势时，要保持基本站姿，左手放于腹部或身后腰部，右手从身侧抬起，手掌朝上，指尖朝向所指方向，如图 4-10 所示。

指引手势

图 4-10 指引手势

在工作中，城市轨道交通员工应当避免出现以下手势不规范的现象：① 手势过多，动作幅度过大，或碰到乘客；② 在使用手势时活动手指关节、打响指、抠指甲等；③ 握

紧拳头向乘客挥舞；④ 用手指指向乘客或自己。

四、语言礼仪

语言是用于交流思想、建立感情的重要媒介，也是城市轨道交通员工为乘客提供服务的主要工具。城市轨道交通员工应当掌握正确的服务用语，并了解语言禁忌，以便在不同的场合都能使用恰当、得体的语言。

（一）服务用语

城市轨道交通员工常用的服务用语有问候语、征询语、应答语、感谢语、道歉语、请托语、婉拒语、告别语等。

1. 问候语

城市轨道交通员工在与乘客交流时，要勤用问候语，如“您好”“早上好”等。使用问候语的时机主要有：① 主动为乘客服务时；② 乘客请自己帮忙时；③ 乘客进入自己的服务区域时；④ 乘客与自己相距过近或四目相对时。

使用问候语时要注意灵活变通，以免单调乏味。例如，在节假日期间，可以在标准问候语后加一句节日祝福语，如“春节快乐”等，强化节日气氛，使乘客感到温暖。

使用问候语时，应把握好距离。如果与乘客距离较远，则不宜使用问候语进行问候。

在使用问候语时，还应配以点头或鞠躬等体态姿势，以示对乘客的尊重。

2. 征询语

征询语适用于向他人征求意见之时。城市轨道交通员工在为乘客提供服务前，要先询问乘客的意见，如“请问您需要帮助吗”“我能为您做点什么”等，待乘客同意后再行动，以体现对乘客的尊重。不能在未征得乘客同意的情况下就自作主张地为乘客服务，以免带来不必要的麻烦。

有时，乘客会通过形体语言来表达自己的需求，城市轨道交通员工要注意观察，及时为乘客提供服务。例如，当乘客东张西望或向城市轨道交通员工招手时，表示该乘客有服务需求，此时城市轨道交通员工应上前询问并提供帮助。

3. 应答语

在服务过程中，城市轨道交通员工必须及时回应乘客，答复乘客的问题，做到随听随答，有问必答，尽力相助。城市轨道交通员工在工作中使用的应答语主要有以下三种：

（1）肯定式应答语。在答复乘客的请求时，一般使用肯定式应答语，如“是的”“好”“好的，我明白您的意思”等。

（2）谦恭式应答语。当乘客对城市轨道交通员工的服务表示满意，或直接表扬、感谢城市轨道交通员工时，城市轨道交通员工应使用谦恭式应答语，如“这是我的荣幸”“您太客气了”“这是我们应该做的”“您过奖了”等。

（3）谅解式应答语。当乘客因故向城市轨道交通员工致歉时，城市轨道交通员工应及时接受，并表示谅解。常用的谅解式应答语有“没有关系”“不要紧”“我不会介意”等。

4．感谢语

在遇到以下几种情况时，城市轨道交通员工应及时使用感谢语表达自己的感激之情：①获得他人帮助时；②得到他人支持时；③赢得他人理解时；④感受到他人的善意时；⑤婉言谢绝他人时；⑥受到他人赞美时。例如，当乘客听从安排与指挥，自觉遵守公共秩序时，城市轨道交通员工应向乘客说一声“感谢您的理解和配合”。

5．道歉语

如果在服务过程中麻烦、打扰、妨碍到乘客，城市轨道交通员工应及时向乘客表示歉意。常用的道歉语有“对不起”“非常抱歉”“请原谅”“不好意思”等。例如，因找错零钱向乘客致歉时，应说：“实在对不起，这是我的失误”；列车延误时，应说“各位乘客，本站开往××方向的列车稍有延误，由此给您带来不便，我们深表歉意”。

6．请托语

在服务过程中，城市轨道交通员工会经常遇到需要乘客理解和配合的情况，或需要请求他人帮助的情况。因此，学会使用请托语是十分有必要的。请托语可以分为以下两种：

（1）标准式请托语。这是最典型、最常见的请托语，通常用“请”字来表达请求之意。当员工向乘客提出某项具体要求时，加上一个“请”字，往往更容易为对方所接受，如“请稍候”“请让一下”“请勿倚靠屏蔽门”“请站在安全区域内候车”等。

（2）求助式请托语。该类请托语通常用于请人帮忙、请人让路、打断对方交谈等场合，如“劳驾”“拜托”“借过”“打扰一下”等。

7．婉拒语

婉拒语适用于拒绝他人的要求之时。在服务过程中，城市轨道交通员工经常会遇到难以满足乘客要求的情况。在拒绝乘客的要求时，如果态度诚恳、理由充分、语言得体，往往可以淡化乘客的失望情绪，让乘客更容易接受；如果语气冷淡、生硬，如直言“做不到”“不归我管”“问别人去”等，则会让乘客产生不满情绪，甚至引发冲突。在使用婉拒语后，员工还应尽可能地给乘客提出一些合理的替代建议。

8．告别语

城市轨道交通员工在服务结束后，与乘客分别时，应当使用告别语，如“再见”“请慢走”等。

（二）语言禁忌

在与乘客交流的过程中，城市轨道交通员工应避免出现以下问题：

（1）声音太大或太小，语速过快或过慢。

（2）口齿不清，语言含糊。

（3）使用过于专业的术语。

（4）使用责备的语气、粗鲁的语言。

（5）随意打断乘客说话，或表现出不耐烦的情绪。

（6）边走边回答乘客的问题，或一边回答乘客的问题一边做其他事。

（7）与乘客闲谈或对乘客评头论足。

五、其他礼仪

（一）握手礼仪

握手时要站在对方面前约一米处，双腿站直，上身略微前倾，双目注视对方并微笑。握手的力度要适中，握住后，上下轻轻晃动三四次，随后松开。

与年长者或重要人物握手时，可以用双手迎握，以示尊敬。男性在与女性握手时，要等对方先伸手，并只握对方的手指部分。

握手时，另一只手不能插在口袋里。握完手后不能立即擦拭手掌。若佩戴了手套或墨镜，握手前应当将其摘下。

（二）递接物品礼仪

（1）在递接物品时，应当使用双手，如图 4-11 所示。如果不方便用双手递接，则应尽量用右手递接。

图 4-11　递接物品

（2）递接物品的过程中要面带微笑，目视对方，不能只看物品。

（3）递物品时，要考虑对方是否方便接拿；接物品时，应主动走上前或将身体前倾，并诚恳道谢。

（4）递送的物品如果是文字材料，则需将有文字的一面朝向对方；如果是一些带尖、带刃或其他易于伤人的物品，切勿将物品的尖、刃直指对方。

（三）电话礼仪

如果城市轨道交通员工担任的是接线员（见图 4-12）、客服专员、投诉专员等需要提供电话服务的岗位，应当注意以下事项：

图 4-12　接线员

（1）在工作时应提前准备好电脑查询系统，并保持坐姿端正，面带微笑，用热情、积极的态度准备接听乘客的电话。

（2）在接到电话时，应先进行自我介绍，例如："您好，这里是××地铁，请问您需要什么帮助？"

（3）如果需要乘客暂时等待，应提前说明，例如："您好，我这边需要一点时间帮您查询一下，请您稍等。"但值得注意的是，不宜让乘客等待太长时间，且应每隔 20 秒回应一次，让乘客知道电话未被挂断。

（4）结束通话前，应再次询问乘客是否还有其他事情需要帮助，在确定完全解答了乘客的问题后，用真诚的态度感谢乘客的来电，并向乘客道别。

任务实施

职业礼仪展示

（1）教师播放城市轨道交通员工职业礼仪示例视频，学生结合本任务知识点观看、学习。

（2）全班学生自由分组，每组 6～8 人。

（3）各组自行设计剧本，并轮流上台，一人扮演城市轨道交通员工，其他人扮演乘客及其他相关人员，模拟城市轨道交通员工为乘客提供服务的情景。模拟过程中注意仪容礼仪、服饰礼仪、仪态礼仪、语言礼仪等。

（4）教师观看各组学生的模拟过程，并对学生的任务实施情况进行点评。

任务二 养成职业习惯

任务导入

某天下午，一名城市轨道交通客运值班员在巡视站厅时，发现有几台闸机出现故障。虽然此时客流量较小，没有产生太大的影响，但这名客运值班员清楚，晚高峰时期客流量会激增，如果在此之前不把问题解决，很有可能会造成严重拥挤。于是他立即向值班站长反映了设备故障情况，值班站长立即通知了维修人员。车站报修后不到 10 分钟，维修人员就已赶来，并最终在晚高峰到来之前修好了闸机，保障了乘客进出站的需求和车站的正常运营。

请思考：城市轨道交通员工应当养成哪些职业习惯？案例中相关工作人员的行为体现了什么样的职业习惯？

一、职业习惯的作用与养成方式

（一）职业习惯的作用

职业习惯是指一个人因长期从事某种职业而养成的较为固定的行为模式。对于城市轨道交通员工来说，良好的职业习惯可以帮助个人提高工作效率、塑造职业形象、增强自信心、提高竞争力，以此促进职业发展。

1. 提高工作效率

良好的职业习惯可以使城市轨道交通员工熟练处理工作中的常见问题，减少工作失误，并在工作过程中分清主次，将更多的精力放在重点问题上，从而提高工作效率。

2. 塑造职业形象

职业习惯是一种外显的行为模式，能够影响他人对自己的印象与评价。城市轨道交通员工作为城市轨道交通行业的窗口，其一举一动都在众多乘客的注视之下。良好的职业习惯可以帮助城市轨道交通员工获得乘客的信任，塑造良好的职业形象，从而提高自己、企业乃至一座城市的信誉。

扫一扫

冲锋在前的“钢轨卫士”

案例展示窗

有轨电车上的“一元姐姐”

武汉车都T1线（见图4-13）是华中地区开通的首条现代有轨电车线路，自开通运营以来，深受市民的欢迎，已经成了武汉的城市名片之一。而每列列车上的两名乘务员，更是在一定程度上代表着城市的形象，其一言一行都受到人们的关注。小王就是其中的一员。

图4-13　武汉车都T1线

在工作中，小王始终以高标准要求自己，坚持做到“四心”服务——接待乘客热心、解答问题耐心、接受意见虚心和工作认真细心。只要看到有老人或小孩乘车，她一定会全程护送他们上车和下车；只要看到车厢里有垃圾，她都会主动清扫；只要看到车上有“低头族”，她都会及时提醒他们注意列车到站时间……

而让所有同事都钦佩不已的是，小王在工作时，总是会带着一定数量的一元硬币或一元纸币，为那些忘带公交卡和零钞的乘客兑换零钞。最多的一天，她为乘客兑换了二十多元的零钞。小王也因此被同事们亲切地称为“一元姐姐”。

（资料来源：长江网，有改动）

3. 增强自信心

良好的职业习惯有助于城市轨道交通员工高效地完成各项工作任务，获得他人的认可与尊重，从而更好地发现并认识自己的能力与价值，增强自信心。

4. 提高竞争力

良好的职业习惯有助于城市轨道交通员工获得更高的职业评价，迎接更具挑战性的职业任务，从而提高个人职业竞争力，获得更加广阔的职业发展空间。

（二）职业习惯的养成方式

1. 强化职业习惯意识

培养职业习惯的第一步是强化自己的职业习惯意识。城市轨道交通员工要明确自己的岗位职责，养成良好的行为习惯。同时，在工作中还要有意识地向有经验的、优秀的同行学习，不断改善、巩固自己的职业习惯。

2. 加强自我管理

职业习惯的养成是一个长期的过程，需要强大的自我管理能力。城市轨道交通员工在工作中要时刻审视自己的工作表现，分析自己的行为方式是否存在问题，不断反思并总结经验，以调控自己的职业行为，逐渐养成良好的职业习惯。

二、城市轨道交通员工职业习惯要求

不同行业对从业人员有着不同的职业习惯要求。城市轨道交通行业的特殊性决定了城市轨道交通员工应当养成遵纪守时、尊重他人、保持卫生、快速行动等职业习惯。

（一）遵纪守时

安全、高效、舒适、准时是城市轨道交通的优势，为了发挥并保持这些优势，城市轨道交通员工需要养成遵纪守时的职业习惯。

首先，城市轨道交通员工需要严格遵守国家法律法规与企业规章制度，按照流程办事。如果员工不遵守纪律，不仅会降低乘客的出行体验，而且有可能会威胁到自己与乘客的人身财产安全甚至国家财产安全。

其次，城市轨道交通员工要树立正确的时间观念。城市轨道交通员工的准时出勤与准时作业是保障列车准时运行的前提，而迟到、早退或缺勤等行为可能会导致列车延误甚至停运。此外，城市轨道交通员工守时的习惯可以为乘客留下良好的印象，有助于企业树立良好的品牌形象。

素养检修段

> 在日常生活与学习中，你是否会经常做出违纪或不守时的行为？请同学们进行互相评价与自我反省。

（二）尊重他人

尊重他人是人际交往的基础，也是每个公民都应遵守的行为准则。尊重是相互的，城市轨道交通员工每天都要与形形色色的乘客打交道，只有充分尊重乘客的人格、习惯、意见和建议，才能获得乘客的尊重，得到乘客的支持与配合。

（三）保持卫生

城市轨道交通车站和列车车厢的环境直接影响着乘客的出行体验，城市轨道交通员工应当养成良好的卫生习惯，按规定做好卫生巡视工作，时刻保持车站与列车车厢的干净整洁，在提高乘客出行舒适度的同时，为自己营造良好的工作环境。此外，城市轨道交通员工还要注意保持个人卫生，在乘客面前保持良好的个人形象。

（四）快速行动

城市轨道交通员工应当养成快速行动的习惯，理由如下：

首先，城市轨道交通系统是一个高度复杂的系统，在运行过程中出现的任何问题都要争分夺秒地解决，这样才能保证系统运行的高效与安全。例如，在设备发生故障时，城市轨道交通员工要立即抢修，以免造成乘客滞留；在发生突发事故时，城市轨道交通员工要快速疏导客流（见图 4-14），维护秩序，以免人员伤亡。

图 4-14　疏导客流

其次，快速行动也是服务质量的有力保障。在乘客有需要的时候，城市轨道交通员工要及时为乘客解决问题，满足乘客需求，提高乘客的满意度。

最后，城市轨道交通员工在面对日常工作任务时，也要快速行动，及时完成。只有养成快速行动的习惯，城市轨道交通员工才能在高压力的工作环境中保持高效工作，并实现个人职业生涯的发展。

精神导向牌

廖明：用习惯延续安全纪录

廖明的职业生涯可以分为两部分，他将前半部分奉献给了中国第一条环形地铁线路——北京地铁 2 号线后，便扎根在了北京地铁 13 号线。入行三十余年，他成为全国地铁安全行车里程最长的人，并于 2015 年被授予“全国劳动模范”荣誉称号。

早晚高峰时段的北京地铁，乘客往往会激增数倍，而列车的行车间隔只有两分钟。“只要有列车慢了超过 3 秒钟，调度中心马上会打电话提醒司机提速。”廖明说，“一趟车慢了 3 秒钟，整条轨道上的列车都要跟着减速，慢 1 分钟，则意味着有超过 1 100 人上不了车。”

面对如此巨大的客流量，廖明每天必须在 2 平方米的驾驶室内，密切关注网压表等十余种行车设备，周而复始地在轨道上滑行。曾经开 2 号线时，在几十米的地下，白天和黑夜没什么区别，他只有看着仪表盘上表示距离的数字在变化，才知道自己在移动。每进行一个操作，每看到一个信号灯，廖明都要手指、嘴唤，以保证安全，一趟车开下来，这样的动作需要重复将近 200 次。这一切都已成为习惯，而正是长年累月形成的习惯，为廖明的行车安全奠定了基础。从业三十余年，他连列车与车门间的毫厘误差都未曾出现过。

长年的磨炼使廖明早已达到了“人车合一”的状态，列车有任何不适，路况有任何变化，他都能第一时间敏锐地捕捉到。一次，廖明在黑暗的隧道中行车，眼前闪过一丝光。他没有忽略这一微小的闪光，而是找来维修工反复检查。最终，一根电缆被提起的瞬间，火光四射，原来是绝缘层出现了裸露。类似的情况廖明记不得有多少次了，他早已和列车融为一体。“线路和周围的环境已经印在我的脑海里，轨道上多出一块石子我都察觉得到。”廖明说。

一个人在最平凡的岗位上默默坚守，同样可以取得了不起的成就。对于未来，廖明曾想过，如果身体条件允许，他希望让安全纪录继续延续下去，让安全、准点的列车在越来越发达的地铁路网上驰骋，书写北京城市轨道交通的美好明天。

（资料来源：央广网，作者王晶，有改动）

任务实施

个人习惯分析与讨论

（1）全班学生自由分组，每组 6～8 人。

（2）各组成员依据自己的平时表现，对自己的生活习惯、学习习惯等做出客观评价，并结合职业习惯要求，针对自己的不足之处提出改进方案，在组内进行讨论。

（3）将分析与讨论结果制作成 PPT，选一名代表上台讲解。

（4）教师组织学生讨论，并对学生的任务实施情况进行点评。

项目总结

城市轨道交通员工的职业行为素养体现在职业礼仪与职业习惯两个方面。

城市轨道交通员工应当重视对自己头发、面部与手部的修饰，遵守仪容礼仪；按照规范着装，并按要求佩戴饰品和工牌，遵守服饰礼仪；保持正确的站姿、坐姿、行姿与蹲姿，并正确使用手势，遵守仪态礼仪；正确使用服务用语，了解语言禁忌，遵守语言礼仪。此外，城市轨道交通员工在握手、递接物品、接打电话等情景中也要遵守相应的礼仪规范。

职业习惯具有提高工作效率、塑造职业形象、增强自信心、提高竞争力等作用，城市轨道交通员工要强化职业习惯意识，并加强自我管理，在此基础上养成遵纪守时、尊重他人、保持卫生、快速行动等良好的职业习惯。

学习成果检测

1. 选择题

（1）在乘客面前，城市轨道交通员工可以（　　）。

A．梳头　　　　B．化妆

C．挽起裤腿　　　　D．捡拾物品

（2）城市轨道交通员工在入座后，双手可以（　　）。

A．放在腿上　　　　B．交叉抱于脑后

C．环抱膝盖　　　　D．夹在腿间

（3）城市轨道交通员工与他人握手时，不能（　　）。

A．双手迎握　　B．只握手指部分

C．一只手插进口袋　　D．提前摘下手套

（4）（　　）是人际交往的基础，也是每个公民都应遵守的行为准则。

A．遵纪守时　　B．尊重他人　　C．保持卫生　　D．快速行动

2．填空题

（1）城市轨道交通员工常用的标准蹲姿有__________与__________。

（2）城市轨道交通员工在工作中使用的应答语主要有________式应答语、________式应答语与________式应答语三种。

（3）递接物品时，如果不方便用双手递接，则应尽量用__________递接。

（4）职业习惯的养成方式有强化职业习惯意识、____________。

3．简答题

（1）简述城市轨道交通员工礼容礼仪。

（2）城市轨道交通员工应当如何对乘客使用婉拒语？

（3）职业习惯有哪些作用？

（4）简述城市轨道交通员工职业习惯要求。

学习成果评价

请进行学习成果评价，并将评价结果填入表 4-2 中。

表 4-2　学习成果评价表

班级		组号		日期	
姓名		学号		指导教师	
项目名称	城市轨道交通员工行为素养				
评价项目	评价内容			满分	评分
理论知识（40%）	仪容礼仪			6	
	服饰礼仪			6	
	仪态礼仪			6	
	语言礼仪			6	
	其他礼仪			5	
	职业习惯的作用与养成方式			5	
	城市轨道交通员工职业习惯要求			6	

（续表）

评价项目	评价内容	满分	评分
实践技能（40%）	能够正确地修饰仪容、穿戴服饰	10	
	能够保持正确的仪态	10	
	能够正确地使用服务用语	10	
	能够按照礼仪规范握手、递接物品、接打电话	10	
综合素养（20%）	积极参加学习活动，主动思考、讨论	5	
	具备良好的学习态度	5	
	在日常生活中能够维持良好的仪容仪表	5	
	养成良好的生活习惯与学习习惯	5	
合计		100	
自我评价			
教师评价			

项目五

城市轨道交通员工专业素养

专业素养包括专业知识与专业技能两个方面，是显性职业素养的重要组成部分，也是职业素养中与本职业联系最为紧密的部分。城市轨道交通员工需要了解专业知识的特征，掌握本职业所需的专业知识，并以此为基础，通过实践掌握相应的专业技能，然后在工作中不断巩固、提升，以满足职业发展的需求。

知识目标

- 了解专业知识的特征。
- 掌握城市轨道交通专业知识，包括线路与车站相关知识，车辆、供电、通信与信号相关知识，客运服务设施设备相关知识，行车组织相关知识，客运组织相关知识，票务管理相关知识，运营安全相关知识，相关法规与标准等。
- 了解专业技能的重要性。
- 熟悉各级别城市轨道交通站务员、行车值班员、行车调度员所需的专业技能。

素质目标

- 认识到专业知识的重要性，保持终身学习，不断充实、更新自己的专业知识。
- 树立法规意识与标准意识，在工作过程中能自觉遵守法律法规与相关标准。
- 了解全国五一劳动奖章获得者凌春霞的事迹，培育职业认同感与荣誉感，并主动向榜样学习，提高自己的专业素养。

任务一 掌握专业知识

任务导入

小周在某城市轨道交通运营企业工作，一天，她接到了一个特殊的任务：为企业在某社交媒体上的官方账号写一篇文章，介绍自己的工作岗位。小周的文笔较好，平常也经常写日记、写文章，于是她很快就将文章写好，交给运营人员发布了出去。

然而，文章发布后，却遭到了不少读者的质疑。有读者在评论区指出，文章在专业知识方面出现了许多错误，一些专业名词也应用得不准确。运营人员核对后发现，文章确实有一些专业知识方面的错误和疏漏，于是撤下了文章。但此事已经对企业的声誉造成了一定影响，小周也受到了领导的严厉批评。

经过深刻反思，小周明白了学习专业知识的重要性，并下决心弥补自己在专业知识方面的不足。

请思考：小周的事例对你有什么启示？城市轨道交通员工应当掌握哪些专业知识？

一、专业知识的特征

专业知识是指某一领域或职业范围内的从业人员应当掌握的相对稳定的知识，它是通过系统学习、实践等方式获得的。专业知识具有专业性、交叉性、动态性等特征。

（一）专业性

专业性是专业知识的首要特征。各个领域的专业知识通常需要从业人员经过长时间的深度学习与实践才能掌握，难以被该领域以外的人在短时间内掌握。此外，专业知识通常也只能在该领域内发挥作用，难以被直接应用于其他领域。

（二）交叉性

专业知识具有专业性，不代表各领域内的专业知识是相互孤立的，它们往往互有交叉。例如，城市轨道交通行业与铁路交通行业之间有着较为密切的联系，存在许多通用的专业知识。此外，科技的发展也使得许多行业之间出现了交叉融合的趋势，例如，物联网、大数据、云计算、新能源等技术的出现与应用，使得城市轨道交通与智慧交通（见图 5-1）、

新能源技术等行业之间的联系越来越紧密。因此，城市轨道交通员工不仅要认真学习城市轨道交通专业知识，而且要对城市轨道交通相关专业的知识有一定了解。

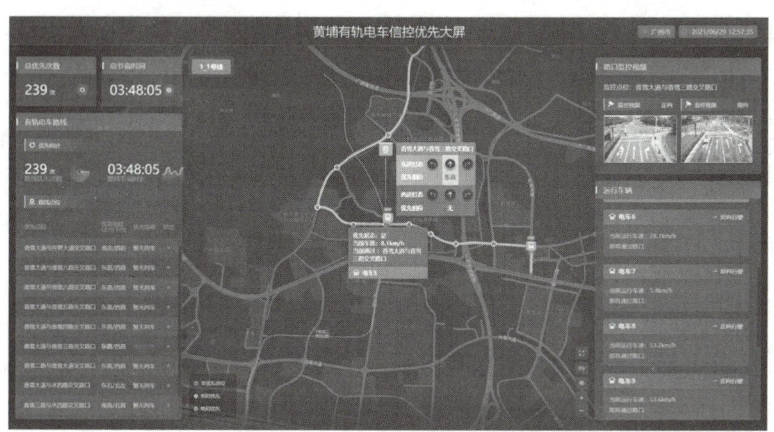

图 5-1　智慧交通

（三）动态性

专业知识不是一成不变的，而是会随着时间的推移、行业的发展而不断发展变化，具有动态性的特征。尤其是在当今科技飞速发展的时代，专业知识的更新和变革更加迅速。因此，城市轨道交通员工要始终保持对新知识、新技术和新趋势的关注，并不断学习，以跟上时代发展的步伐，更好地迎接未来的挑战。

观点换乘站

城市轨道交通行业有哪些前沿技术？其应用趋势如何？请同学们讨论分享。

二、城市轨道交通专业知识

城市轨道交通专业知识包括线路与车站相关知识，车辆、供电、通信与信号相关知识，客运服务设施设备相关知识，行车组织相关知识，客运组织相关知识，票务管理相关知识，运营安全相关知识，相关法规与标准，等等。

（一）线路与车站相关知识

1．城市轨道交通线路

城市轨道交通线路是城市轨道交通系统最基本的组成部分。城市轨道交通员工应当熟悉城市轨道交通线路的特征、分类、构成等，并对城市轨道交通线网规划、线路设计等知识（如城市轨道交通线网的结构、城市轨道交通线路的走向设计等）有一定的了解。

2. 城市轨道交通车站

城市轨道交通车站是客流的节点，也是城市轨道交通员工为乘客提供客运服务的最主要场所。城市轨道交通员工应当熟悉城市轨道交通车站的特征、作用、分类、构成等，并对城市轨道交通车站设计的相关知识（如城市轨道交通车站的出入口布置、站厅设计等）有一定的了解。

（二）车辆、供电、通信与信号相关知识

1. 城市轨道交通车辆

城市轨道交通车辆（见图 5-2）是城市轨道交通系统中用于执行运输任务的直接工具。城市轨道交通员工应当了解城市轨道交通车辆的特点，掌握城市轨道交通车辆的分类及选用原则，熟悉列车编组知识，了解城市轨道交通车辆机械系统、电气系统的组成及工作原理。

图 5-2　城市轨道交通车辆

素养检修段

回答以下问题，检验自己对城市轨道交通车辆相关知识的掌握程度。同学们互相检查，查漏补缺。

（1）如何对城市轨道交通车辆进行分类？城市轨道交通列车编组方式有哪些？

（2）城市轨道交通车辆的车体由哪些结构组成？

（3）转向架的作用是什么？

（4）车钩缓冲装置可以分为哪些类型？

（5）车辆辅助供电系统有哪些供电方式？

2. 城市轨道交通供电系统

城市轨道交通供电系统是城市轨道交通的动力源泉，城市轨道交通员工应当了解城市轨道交通供电系统的组成、供电方式等相关知识。

3. 城市轨道交通通信与信号系统

城市轨道交通通信系统是指挥列车运行、进行公务联络、传递各种信息的重要媒介，可以为乘客提供各种信息服务，并能为控制中心、车站、车辆段及沿线的运营、管理、维修人员提供数据传输服务，以保证列车安全、快速、高效运行。城市轨道交通员工应当熟悉城市轨道交通通信系统的作用、分类、构成等相关知识。

城市轨道交通信号系统是实现行车指挥和监控、保障行车安全、提高运行效率的关键系统。城市轨道交通员工应当了解城市轨道交通信号系统的特点、构成，以及各城市轨道交通信号基础设备的相关知识。

（三）客运服务设施设备相关知识

城市轨道交通客运服务设施设备包括客运服务标志（见图 5-3）、电梯设备、自动售检票系统、广播系统、乘客信息系统、屏蔽门系统、电子监控系统、门禁系统、消防设施设备等。城市轨道交通员工应当掌握各种客运服务设施设备的功能、使用方法等相关知识，以维护客运服务设施设备的正常使用，并在乘客有需要的时候为其提供指引。

图 5-3　客运服务标志

素养检修段

通过现场拍照、网络查询等途径，搜集含有各类城市轨道交通客运服务标志的图片，同学们互相展示并指出其含义，检验自己对客运服务标志的认识程度。

（四）行车组织相关知识

城市轨道交通行车组织是城市轨道交通运营管理工作的核心，城市轨道交通员工应当掌握与行车组织相关的知识，包括列车运行图、行车机构、行车人员、行车闭塞法、行车调度命令、行车指挥方式等。

（五）客运组织相关知识

城市轨道交通客运组织是指在合理布置客运设施设备的前提下，对客流采取有效分流、引导与控制，保证客流运送安全有序的管理工作。城市轨道交通员工应当掌握城市轨道交通日常客流组织和特殊客流组织、城市轨道交通车站客流组织方案的相关知识。

（六）票务管理相关知识

票务管理是城市轨道交通票务工作的基础。城市轨道交通员工应当掌握票卡管理、现金管理、票据管理、票务台账管理、票务备品管理等城市轨道交通票务管理相关知识，并了解票务违章、票务事故、票务清分等知识。

（七）运营安全相关知识

安全问题始终是城市轨道交通运营过程中需要关注的重点问题。城市轨道交通员工需要了解城市轨道交通运营安全的影响因素，深入了解城市轨道交通突发事件应急预案，以做好安全防范工作，并在事故发生时能够正确处理。

（八）相关法规与标准

1. 城市轨道交通相关法规

法规是指国家机关在其职权范围内制定的要求人们普遍遵守的法律、法令、条例、规则、章程等，城市轨道交通的规划、建设与运营都需要遵守相应的法规。城市轨道交通员工应当了解与自己职业相关的各类法规，并在工作中严格遵守，以确保城市轨道交通系统的安全、有序运行。

知识联络线

法规的分类

按照制定机构与效力的不同，法规可以分为宪法、法律、行政法规、部门规章、地方性法规、地方政府规章等，如表 5-1 所示。

表 5-1　法规的分类

类别	定义	示例
宪法	国家的根本法	《中华人民共和国宪法》
法律	由立法机关或国家机关制定，国家政权保证执行的行为规则的总和	《中华人民共和国治安管理处罚法》
行政法规	国务院根据宪法和法律，按照法定程序制定的有关行使行政权力、履行行政职责的规范性文件的总称	《无障碍环境建设条例》
部门规章	国务院各部、委员会等具有行政管理职能的直属机构在其职权范围内，依据法律与国务院的行政法规、决定、命令制定的在全国范围内实施的规范性文件	《城市轨道交通运营管理规定》
地方性法规	在不同宪法、法律、行政法规相抵触的前提下，省、自治区、直辖市的人民代表大会及其常务委员会根据本行政区域的具体情况和实际需要，依法制定的在本行政区域内具有法律效力的规范性文件	《北京市轨道交通运营安全条例》
地方政府规章	省、自治区、直辖市和设区的市、自治州的人民政府根据法律、行政法规和本省、自治区、直辖市的地方性法规，依照法定程序制定的在其行政区域范围内实施的政府规章	《广东省城市轨道交通运营安全管理办法》

2. 城市轨道交通相关标准

标准是指农业、工业、服务业以及社会事业等领域需要统一的技术要求，包括国家标准、行业标准、地方标准等，其中，国家标准分为强制性标准（代号为“GB”）与推荐性标准（代号为“GB/T”），行业标准与地方标准都是推荐性标准。

不同类别的城市轨道交通标准

城市轨道交通员工应当熟悉与自己职业相关的国家标准与行业标准，以及自己所在地区的地方标准，在标准的约束与指导下开展工作，确保城市轨道交通的运营安全与服务质量。

任务实施

专业知识互检互测

（1）全班学生自由分组，每组 6～8 人。

（2）各组成员分工合作，编写一套能够检测对专业知识掌握程度的试卷。试卷满分为 100 分，要求合理分配题型、分值与考查内容。

（3）各组互换试卷，小组成员合作完成答题，并将试卷交回出题小组批改、打分。

（4）各组针对有疑问的地方进行讨论。

（5）教师浏览各组的出卷结果与答题结果，并进行点评。

任务二 掌握专业技能

任务导入

从学校毕业后，小孙如愿入职某城市轨道交通运营企业，成为一名站务员。入职后的两年间，他先后担任站务员与行车值班员，积累了不少经验。随后，他升任值班站长，除了乘客服务，还要负责高峰时段的客流组织和应急指挥。

某年，车站附近的新商业综合体即将开业，车站的客流量将激增。小孙迎难而上，接下了站点客流组织的艰巨任务。他提前两三个月开始对客流组织方案进行编写和调整，并反复验证，演练客流量激增时可能发生的紧急突发情况，在重点位置开展疏导工作。最终，车站成功地承接了客流压力。

工作之余，小孙还踊跃参加各项技术比武，不断吸收和巩固专业知识，提高专业技能。他报名参加了全国城市轨道交通领域职业技能大赛，并凭借熟练的技能、稳定的心态、良好的发挥，在理论考试中拿下满分后，又在技能操作考核中脱颖而出，最终取得了优异的成绩。

如今的小孙已经成为一名行车安全工程师，并牵头建立了“技术能手工作室”，带领团队编撰标准化教材，自主成立行车设备操作基地，每年义务辅导300余人次，为本市的轨道交通行业培养了大量人才。

请思考：小孙的经历对你有什么启示？城市轨道交通员工需要掌握哪些专业技能？

一、专业技能的重要性

专业技能是从事某项特定职业所必备的实用技术、技巧，通常是由相关行业的专业人员基于经验和研究总结而来的。与专业知识相同，专业技能也具有专业性、交叉性与动态性，但专业技能具有更强的实践属性，需要在掌握专业知识的基础上花费一定的时间和精力习得，并需要在实践中不断巩固。

专业技能在城市轨道交通员工的职业发展中具有十分重要的作用，具体体现在以下几个方面：

首先，专业技能是城市轨道交通员工在职场上立足的重要条件。只有熟练掌握专业技能，城市轨道交通员工才能得到用人单位的青睐，并在工作中得到同事和乘客的认可与信任。

其次，专业技能是城市轨道交通员工顺利完成工作的保障。如果专业技能缺失，城市轨道交通员工就难以处理工作中遇到的问题，影响工作效率，甚至有可能影响整个城市轨道交通系统的正常运行。因此，城市轨道交通员工所掌握的专业技能不仅要深入，而且要全面，这样才能从容地应对工作中的各种问题，顺利、高效地完成工作。

最后，专业技能是城市轨道交通员工职业发展的保障。城市轨道交通员工如果能够熟练掌握专业技能，就能更好地应对工作中的挑战，从而取得更好的职业表现，并为自己赢得更加广阔的职业发展空间和更多的职业发展机会，实现职业生涯的稳定、快速发展。

二、各职业城市轨道交通员工专业技能要求

（一）城市轨道交通站务员

城市轨道交通站务员共设三个等级，由低到高分别是五级/初级工、四级/中级工、三级/高级工。各级别城市轨道交通站务员的专业技能要求由低等级到高等级依次递增，高等级涵盖低等级的专业技能要求。各级别的工作内容及相关专业技能要求如下。

1．五级/初级工

1）行车组织

（1）站台接岗。能按照行车组织规则与行车备品管理要求，携带备品接岗，识别站台区域设备状态并完成工作交接流程。

（2）站台列车接发。能按照站台接发列车程序及相关规定，确认列车进站状态与离站状态；能按照紧急停车按钮使用规定，在紧急情况下按压紧急停车按钮并及时汇报；能按照行车组织规则相关要求与清客作业程序及相关规定，进行列车终点站清客作业。

（3）站台安全监控。能按照乘客守则相关规定，巡视站台，维持站台候乘秩序，组织乘客有序上下车；能识别乘客候乘期间的异常情况并及时汇报；能识别站台门状态，做好端门管理。

2）客运与服务

（1）服务秩序维护。能按照属地管理要求与车站环境卫生管理要求，维护属地管理范围内的服务环境；能按照乘客守则相关规定，维护乘客出行秩序，识别异常情况并做好

防护，及时汇报；能按照服务设施设备管理相关规定，判断服务设备状态。

（2）乘客事务处理。能按照人员服务标准相关规定，开展乘客服务工作，如指引乘客进出站、指引乘客购票等；能根据自助服务设施设备相关知识，引导乘客使用自助设备；能按照乘客投诉处理原则，对乘客投诉进行及时汇报，并安抚乘客。

（3）客运组织。能按照客流组织相关规定，在岗位范围内有序引导乘客进出站与换乘；能按照客流控制相关措施与要求、客运备品使用相关要求，根据客流变化及时采取相应的疏导措施。

知识联络线

乘客事务

乘客对城市轨道交通运营服务的投诉、建议、咨询、表扬等统称为乘客事务。城市轨道交通乘客事务多集中在车站服务、列车运行、乘车环境、票款差错等方面。

按照提交形式的不同，乘客事务可以分为来访、来电、来信、车站留言、网站留言、其他部门转发等。

3）票务运作

（1）购票引导。能按照自助购票设备使用相关规定，根据乘客需求提供简单的购票引导服务；在无法满足乘客需求时，能按照车站票务岗位分工相关知识，引导乘客寻求相应人员处理。

（2）闸机引导。能引导乘客进出闸机（见图 5-4）；能根据自动售检票设备结构及功能相关知识，按照闸机代码及车票种类引导乘客前往客服中心办理业务。

图 5-4　引导乘客进出闸机

（3）票务事务引导。能根据乘客乘车凭证的种类及需求，指引乘客前往客服中心处理相关事务，并在特殊情况下解释票务处理规定，引导乘客处理车票。

4）应急情况处理

（1）环境变化应急处理。能及时发现火情并汇报信息；能根据消防自我防护相关要求进行自我防护；能按照火灾应急处理程序要求疏散乘客；能按照消防备品使用相关要求和火灾初期灭火方法，有效进行初期火灾处置。

（2）设备故障应急处理。能根据各类应急预案中的乘客疏散相关要求疏散乘客；在列车停运的情况下，能做好乘客解释工作，拦截乘客进站。

（3）乘客事务应急处理。能按照乘客事务处理程序及相关规定，正确处理乘客事务并疏散围观乘客；能按照应急公交接驳处理程序及相关要求，在公交接驳时做好乘客解释工作，疏导客流；在自动扶梯出现问题导致乘客受伤等紧急情况下，能按压紧急停梯按钮，并及时汇报。

2．四级/中级工

1）行车组织

（1）站台接岗。能检查站台行车设施设备及行车备品状态，识别轨道线路基本设备状态。

（2）站台列车接发。能判断列车进站、出站状态；能识别危及行车安全的情况，并在发生此情况时按压紧急停车按钮，及时汇报；能进行车站临时清客作业。

（3）站台安全监控。能根据车门/站台门的结构及功能相关知识，识别站台门状态；能按照车门/站台门夹人夹物的处理程序及相关要求，处理车门/站台门夹人夹物的情况；能按照站台门故障的处理程序及相关要求，对单个站台门无法打开或关闭的故障做出判断并简单处理；能根据车门故障处理程序及相关要求，完成车门故障情况下的相关工作。

（4）非正常情况下的行车组织。能按照手信号显示相关规定，运用常用手信号引导列车进站，确认站台安全；能按照列车安全联控相关规定，使用标准行车语实施行车安全联控；能按照手摇道岔程序及相关要求完成手摇道岔操作，并进行安全确认。

知识联络线

手摇道岔“六部曲”

一看：看道岔开通位置是否正确，是否需要改变位置。

二开：打开盖孔板及钩锁器的锁，拆下钩锁器。

三摇：摇道岔转向所需的位置，在听到落槽声后停止。

四确认：检查尖轨是否密贴，开通“定位”或“反位”，另一人应答确认。

五加锁：双人确认岔道位置开通正确后，用钩锁器锁定道岔尖轨。

六汇报：向车站控制室汇报道岔开通位置与加锁情况。

2）客运与服务

（1）服务秩序维护。能按照属地管理要求巡视属地管理范围内的设备、环境、乘客动向等情况，能在设备故障报修时描述故障类型，能判断服务环境状态与乘客异常情况。

（2）乘客事务处理。能按照人员服务标准相关规定与岗位工作标准相关规定，接受乘客的问询与建议并提供解决方案，关注特殊乘客的需求并为其提供相应帮助；能按照服务设施设备管理相关规定，操作车站常用服务设施设备为乘客提供服务；能按照乘客事务处理相关规定与乘客投诉处理相关要求，对乘客投诉进行初期处理。

（3）客运组织。能在客运组织关键地点有序引导乘客进出站，能根据大客流组织预案完成客流控制前的场地布置工作。

（4）服务应急处理。能按照乘客疏散相关规定，在紧急情况下疏散乘客；能按照乘客伤亡事件处理程序及相关规定，在出现乘客伤亡事件时对受到影响的乘客进行简单处理；能按照现场隔离相关要求，在出现危及客运服务安全的情况时及时隔离现场；能按照信息汇报与证据收集相关要求，在出现紧急情况时汇报信息，寻找并挽留目击证人。

3）票务运作

（1）车票业务办理。能按照票务备品使用相关规定、售检票设备操作相关要求等，在售票前确认现金、车票、票务用品、报表、客服中心设备状态等准确无误，在售票结束后准确清点现金、车票、发票，归还票务钥匙和备品，核对业务凭证；能按照售票岗作业程序及相关规定，处理兑零、售票、充值、退票等业务；能按照报表填写相关规定，准确填写各类票务报表。

（2）售检票设备运行保障。能识别自动售检票设备常见故障，并汇报故障类型；能完成闸机更换票箱操作。

（3）现金、票据及钥匙备品管理。能按照现金管理、车票管理相关规定，保管现金，交接票据；能按照票务钥匙管理、票务备品管理相关规定，保管、使用票务钥匙与票务备品；能识别假钞。

（4）乘客票务事务处理。能判断乘客乘车凭证的有效性，并根据凭证的性质处理乘客票务事务；能根据不同的情况对持各类车票的乘客进行指引，并处理相关票务事务。

4）应急情况处理

（1）环境变化应急处理。能按照火灾应急处理程序要求进行自我防护，疏散乘客，及时汇报，检查电梯里是否有人被困等；能使用消防备品进行灭火；能在特殊气象及自然灾害条件下疏散乘客，协助抢险。

（2）设备故障应急处理。能按照设备故障防护相关要求，对故障设备进行安全防护；能根据预案引导或疏散乘客；在停运的情况下，能根据应急信息发布相关要求，做好乘客解释工作，摆放告示，拦截乘客进站。

（3）乘客事务应急处理。在处理乘客事务时，能了解现场情况，及时汇报，并疏散围观乘客；在启动应急公交接驳时，能做好乘客解释工作，并指引、疏导、控制客流；能按照乘客区间疏散应急处理程序及相关要求，在组织乘客区间疏散时，在站台接应乘客，为乘客提供指引。

3．三级/高级工

1）行车组织与施工组织

（1）站台安全监控。能巡视站台，发现站台安全风险；能处理乘客物品掉落轨道的情况；能对各类站台门故障如站台门破裂、破碎等进行初期处理。

（2）非正常情况下的行车组织。能在不同情况下按规定显示手信号；能按照降级行车组织发车条件及相关规定，在降级行车组织情况下，完成站台发车作业程序；能按照临时清客处理程序及相关规定，组织临时清客工作；能按照人工排列进路程序及相关规定，完成人工排列进路时的安全确认工作；能根据调度命令，完成区间疏散或其他处置工作；能完成非正常情况下行车组织相关凭证的核对及交付工作。

（3）施工组织。能根据施工管理相关规定，判断施工现场安全防护是否符合要求，识别现场施工安全风险，对车站负责的施工作业进行现场管控，对轨行区端门进出人员进行卡控管理。

2）客运与服务

（1）服务设施设备管理。能识别车站服务设施设备及服务用品状态，操作车站各类服务设施设备为乘客提供服务；能根据服务设施设备管理相关规定，处理简单的服务设备故障。

（2）乘客事务处理。能处理因设备故障、人员服务、乘客违规等情况引起的乘客事务；能安抚情绪过激的乘客，并采取初步处理措施；能判断乘客事务类别，并根据乘客事务信息汇报相关要求，对不能现场解决的乘客事务进行汇报。

（3）客运组织。能识别客流组织关键点，组织车站客流控制，安全疏导乘客；能根据客流控制的启动条件和流程，完成客流控制准备工作；能在客流控制过程中与其他区域

进行联控。

（4）服务应急处理。能在紧急情况下组织区域内的乘客疏散工作，并与其他区域进行联控；能对乘客进出站、候车、乘车过程中发生的特殊情况（如突发疾病、发生事故等）进行简单救治处理；能根据需要收集现场证据，接洽证人，做好证人信息收集工作等。

案例展示窗

地铁站里的生死营救

某天，广州地铁 1 号线公园前站工作人员何某正在站厅巡视，遇到两位乘客神色慌张地向其求助。何某见到两人身边躺着一位大约30岁的男乘客，经初步判断此乘客无意识、无心跳、无呼吸后，何某立即将情况上报车站控制室请求支援，同时一边呼叫同事携带 AED（自动体外除颤器）到场，一边与乘客家属一起将乘客轻轻放平在地上开展急救。一场生死营救随即拉开。

接到支援请求的车站副站长林某、值班站长曾某迅速赶到现场，两位从事医务工作的乘客听到广播后也前来帮忙，5 人轮流进行了多轮心肺复苏。十多分钟后，急救人员到达现场，采用心电图机和血压仪对乘客生命体征进行监测，并对乘客进行急救注射与输液。直到采取第 5 次 AED 除颤后，心电图机显示乘客恢复脉搏和自主呼吸，乘客瞳孔也开始对光有反应。此时，现场人员已坚持为乘客做了近 40 分钟的心肺复苏。随后，在众人协助下，乘客被安全送上救护车，前往医院进行进一步救治。

对于现场人员参与施救的善举，乘客家属十分感动地说："真心感谢你们，如果没有你们这样的专业人士及早介入，还不知道能不能过这一关。"事后，车站工作人员也专门致电感谢了参与救治的两位乘客，对方表示："救人是我们医生的职责，我们也要感谢广州地铁员工训练有素，能够积极处理此事，尤其是公园前站的何某施救非常专业，为患者争取了宝贵的抢救时间。"

（资料来源：广州文明网，有改动）

3）票务运作

（1）售检票设备运行保障。能进行自动售票机补充单程票、补充找零现金、回收单程票、回收钱箱、结账列印等操作，能分析并处理售票机和检票机卡币、卡票等故障。

（2）现金、票据及钥匙备品管理。能完成售票员相关票务工作；能填写、核对售票员相关的票务报表及台账；能完成现金、车票和发票的保管与结算工作；能正确保管、使用、交接票务钥匙。

（3）乘客票务事务处理。能处理乘客票务事务，并进行应急情况下的票务处理。

4）应急情况处理

（1）环境变化应急处理。能按照消防要求进行自我防护；能按照火灾应急处理程序要求疏散乘客，汇报信息；能识别特殊气象及自然灾害，提前准备抢险物资（见图 5-5）并正确使用；能按照特殊气象及自然灾害应急处理程序疏散乘客，汇报信息，组织抢险。

图 5-5　准备抢险物资

（2）设备故障应急处理。在站台门故障时，能进行故障门查找、安全防护、引导乘客等应急处理；在信号设备故障时，能进行手摇道岔、进路确认等应急处理；在接触网（轨）停电或大面积停电时，能进行疏散乘客、执行停运等应急处理；在电梯发生故障时，能进行故障确认、安全防护、引导乘客等应急处理。

（3）乘客事务应急处理。在处理乘客事务时，能保护现场，收集证据，汇报信息；在启动应急公交接驳时，能按照相关程序要求与公交司机办理公交接驳手续；在组织乘客区间疏散时，能携带备品，判断疏散区域，引导乘客疏散。

（二）城市轨道交通行车值班员

城市轨道交通行车值班员共设五个等级，由低到高分别是五级/初级工、四级/中级工、三级/高级工、二级/技师、一级/高级技师。各级别城市轨道交通行车值班员的专业技能要求由低等级到高等级依次递增，高等级涵盖低等级的专业技能要求。各级别的工作内容及相关专业技能要求如下。

1. 五级/初级工

1）行车组织与施工组织

（1）行车工作交接。能按照行车工作交接相关规定，办理行车备品、钥匙、工作记录交接；能登录各类行车管理系统、车站联锁设备系统，充分做好预备工作；能按照行车

日志填写相关要求，填写行车台账，记录行车重点工作。

（2）正常情况下的行车组织。能办理正常情况下的行车作业，接收并执行相关行车组织调度命令，根据列车运营时刻表判断列车运行准点情况。

（3）车站控制室内设备监控及操作。能按照通信设备操作相关规定，运用各类通信设备完成信息传递；能按照环境与设备监控系统、防灾报警系统操作相关规定，识别系统报警信息，确定报警方位；能识别综合后备盘、综合监控系统、环境与设备监控系统、乘客信息系统、门禁系统等设施设备的运作状态。

（4）站台安全监控。能按照行车安全联控相关规定，与站台岗、列车司机进行行车安全联控；能按照电视监控系统操作相关规定，通过电视监控系统监控站台安全；能按照紧急停车、扣车相关规定，在紧急情况下采取有效措施扣停列车。

（5）非正常情况下的行车组织。能根据行调命令完成降级行车组织，按照行车组织要求完成报点工作。

（6）施工组织。能按照施工管理相关规定，核实施工条件，办理施工请销点，确认施工防护设置、撤除情况。

2）客运与服务

（1）设施设备报修。能根据设施设备归口管理相关规定，了解设施设备故障情况，记录故障信息，并根据故障报修相关规定进行故障报修。

（2）乘客事务处理。能根据相关规定，运用现有资源，解决乘客事务；能记录并汇报乘客事务信息。

（3）客运组织。能执行客流控制相关命令，并汇报不同类型的客流控制信息；能根据客流组织、客流控制的需要选择广播，并引导乘客进出站、上下车。

（4）服务应急处理。能识别、记录并汇报服务应急信息，能根据应急情况类别选择广播并引导乘客，能传达上级指挥机构下达的应急处理指挥要求。

3）票务运作

（1）售检票设备运行保障。能使用车站计算机监控，查询自动售检票设备状态；能在应急情况下操作闸机紧急释放。

（2）售检票设备大面积故障处理。能在售检票设备出现大面积故障的情况下收集信息并上报；能通知专业人士处理故障，并利用广播引导乘客。

4）应急情况处理

（1）环境变化应急处理。能检查并使用微型消防站（见图 5-6）的装备；能按照火灾应急处理程序要求进行应急处理，如拨打紧急电话、汇报信息、播送广播、疏散乘客等；

能按照特殊气象及自然灾害应急处理程序要求进行应急处理，如汇报信息、播送广播、疏散乘客等。

图 5-6　微型消防站

（2）设备故障应急处理。能按照站台门故障应急处理程序要求进行应急处理，如汇报信息、通知专业人员处理故障、通过广播引导乘客等；能按照信号设备故障应急处理程序要求进行信息汇报并执行相关应急处理指令；能按照接触网（轨）停电或大面积停电应急处理程序要求进行应急处理，如汇报信息、通知专业人员处理故障、播送停运广播等；能按照扶梯、电梯故障应急处理程序要求进行应急处理，如汇报信息、通知专业人员处理故障、引导乘客等。

（3）乘客事务应急处理。在处理乘客事务时，能按照信息汇报程序报公安机关处理；能在启动应急公交接驳时进行信息汇报；能在进行区间乘客疏散时与现场人员、调度员、司机、邻站工作人员进行联控，及时收发、传达信息。

2. 四级/中级工

1）行车组织与施工组织

（1）正常情况下的行车组织。能办理列车出入车场、列车过线、调车等作业手续，接收并执行行车组织相关调度命令，根据列车运营时刻表和车站联锁设备系统判断列车运行状态。

（2）车站控制室内设备监控及操作。能监控并根据行调指令操作车站联锁设备，判断防灾报警系统报警信息并执行相关设备的操作，根据季节与环境判断环境与设备监控系统运行模式。

（3）非正常情况下的行车组织。能根据实际情况判断降级行车条件；能识别非正常情况下行车组织的安全风险点，并采取防范措施。

（4）施工组织。能办理临时抢修施工请销点手续，处理施工管理过程中出现的异常情况。

2）客运与服务

（1）设施设备报修。能判断设备故障归属并进行报修；能跟进设备报修进度，确认修复情况，核销报修记录。

（2）乘客事务处理与跟进。能处理乘客事务，记录信息，并按照处理程序汇报信息；能跟进乘客事务处理结果并做好信息交接工作。

（3）客运组织。能通过车站计算机系统获取客流数据，并预测客流情况；能在客流组织过程中与各区域负责人进行信息交流，掌握车站整体客流组织情况；在车站预制广播无法满足客流组织需求的情况下，能通过人工广播引导乘客进出站。

（4）服务应急处理。能收集与整理服务应急信息，并按照相关程序进行汇报；能在服务应急处理过程中根据需要进行现场沟通。

3）票务运作

（1）售检票设备运行保障。能使用车站计算机系统监控、查询自动售检票设备状态，预估设备运行情况；能在紧急情况下操作闸机紧急释放。

（2）票务安全监督。能识别常见的票务违规操作情况，了解各类常见的账实不符情况；了解票务安全监督的关键点及防控措施。

（3）售检票设备大面积故障处理。在发生售检票设备大面积故障时，能准确核实故障的类型与影响范围、程度，通报故障信息，传达车站各岗位相应票务事务处理指令；能通知专业人员处理故障，并利用广播引导乘客。

4）应急情况处理

（1）环境变化应急处理。能检查并使用各类消防设施；能按照火灾应急处理程序要求进行信息收发与传达，协调各岗位联动；能按照特殊气象及自然灾害应急处理程序要求进行信息收发及传达，协调各岗位人员参与抢险；能针对环境变化情况准确进行信息收集与汇报。

（2）设备故障应急处理。能按照站台门故障应急处理程序要求进行信息收发与传达，并协调各岗位人员引导乘客；能按照信号设备故障应急处理程序要求进行应急处理，如收发、传达信息，通知专业人员处理故障，组织降级行车等；在发生接触网（轨）停电、大面积停电或电梯故障时，能按照相应处理程序要求收发与传达信息，通知专业人员处理故障，协调各岗位人员引导乘客。

（3）乘客事务应急处理。在处理乘客事务时，能准确收集信息，按照程序汇报信息，传达指令；在启动应急公交接驳时，能进行信息收发及传达，跟进公交接驳进度；在进行

区间乘客疏散时，能与现场人员、调度员、司机、邻站工作人员等进行联控，及时收发、传达信息，并协调各岗位人员引导乘客。

3．三级/高级工

1）行车组织与施工组织

（1）运营前检查。能在运营前核实线路出清情况，试验站台门，检查联锁站、设备站信号设备状态；能按照要求的模式监控相关环控设备状态；能按照要求检查并确认车站所有客运相关设施设备。

（2）非正常情况下的行车组织。能对联锁工作站的操作进行双确认，在故障情况下组织、指导降级行车，组织人工排列进路。

（3）施工组织。能对各类施工安全关键点采取防控措施，现场确认“影响正线、辅助线行车”类施工项目的请销点，安排对“影响正线、辅助线行车，不开行工程列车、电客车，且需车站配合”类施工项目进行护送进场、过程监控、设备恢复、现场出清等工作。

2）客运与服务

（1）乘客服务标准及服务设施设备监控。能根据人员服务标准与岗位工作标准相关规定，判断员工在语言、形体、着装等方面是否符合要求，识别员工在站内服务工作中的不足，并予以纠正；掌握服务设施的管理要求。

（2）乘客事务处理与回复。能处理乘客投诉，并对需要回复乘客的事务进行回复。

（3）客运组织。能根据现场客流情况，启动相应的客流组织预案；能根据车站客流特点，识别客流组织关键点，合理安排人员组织现场客流，指挥客流控制；能根据现场运能情况，提出支援需求。

（4）服务应急处理。能在紧急情况下指挥现场乘客疏散；在出现乘客伤亡事件时，能组织救治工作与现场隔离工作；在处理乘客事务时，能做好证据收集、整理与保留工作，记录相关情况，保留相关资料，并做好后续处理工作；在出现危及客运服务安全的情况时，能及时了解情况，控制现场；在有媒体采访时，能与媒体进行基本对接，并收集信息、及时汇报。

3）票务运作

（1）票务安全监督。能指挥、确认、监督车站票务工作人员的各项票务工作，核查、纠正不当操作；能确认现金、车票、发票、票务钥匙和备品的账实情况，调查车站票务违章情况。

（2）售检票设备大面积故障处理。在出现售检票设备大面积故障时，能根据故障情况启动相应预案，并按照处理程序要求进行乘客疏导，指导票务事务处理。

4）应急情况处理

（1）环境变化应急处理。能按照火灾应急处理程序要求进行自我防护，判断火情，安排人员，协调资源，组织灭火，疏散乘客，撤离员工等；能按照特殊气象及自然灾害应急处理程序要求判断险情，安排人员，协调资源，指挥抢险，疏散乘客等；能针对环境变化的整体情况进行安全卡控，并预判发展情况。

（2）设备故障应急处理。在发生站台门故障时，能对故障情况与影响范围进行判断，安排人员，协调资源，配合设备抢修，引导乘客等；在发生信号设备故障时，能进行降级行车组织，安排人员进行手摇道岔，接发列车，疏导乘客等；在发生接触网（轨）停电或大面积停电时，能进行停运组织，安排人员疏散乘客等；在发生电梯故障时，能进行安全防护，安排人员引导乘客等；能对整体情况进行安全卡控，对事件发展情况进行预判。

（3）乘客事务应急处理。在处理乘客事务时，能安排人员，协调资源，控制现场，协助公安机关处理现场；在启动应急公交接驳时，能协调资源，安排人员疏导客流，引导乘客搭乘接驳车；在进行区间乘客疏散时，能与车站、控制室、调度员、司机、邻站工作人员进行联控，安排人员组织乘客疏散；能对整体情况进行安全卡控，对事件发展情况进行预判。

5）车站运作

（1）车站生产信息统筹处理。能处理车站信息、邮件、文件的收发与存档，记录、汇总、汇报并及时交接生产信息，对有关问题进行调查、整改与回复。

（2）班组管理。能按照作业纪律、劳动纪律、员工技能相关要求等，对班组成员进行技能评估与指导；能按照出勤、加班管理和各类假期审批程序及相关规定，对班组成员进行排班等人员安排；能组织车站业务会议。

（3）技术传承。能开展车站业务指导，并组织业务演练（见图 5-7）；能开展师徒带教培训，并填写培训台账；能在作业中发现存在的问题并制订有效的整改措施。

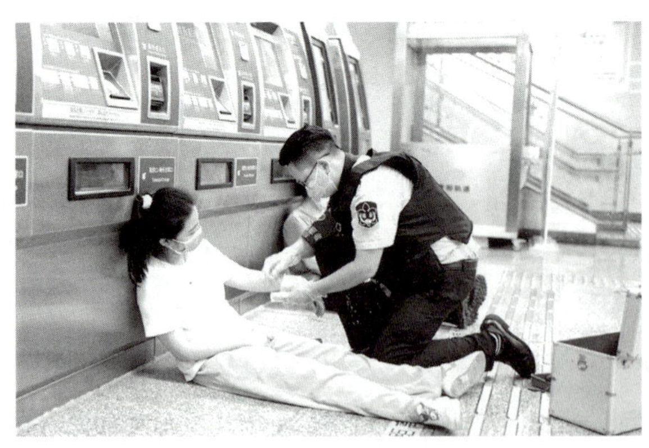

图 5-7　业务演练

4. 二级/技师

1）车站运作

（1）生产计划制订与落实。能根据生产目标制订车站计划，并跟进实施情况；能统计各业务模块的生产数据，分析生产情况，及时发现问题并制订防范措施；能对业务模块的工作进行小结、汇报。

（2）车站人员管理。能细化各类车站级管理规定，审核车站员工绩效结果和车站考勤记录。

2）生产质量监督与指导

（1）行车与施工生产质量监督与指导。能根据本站情况细化车站行车与施工作业标准、岗位作业流程；能检查行车与施工作业标准执行情况，排查安全隐患，制订整改措施；在本站发生行车、施工安全事件时，能指挥现场处理，事后调查情况，分析原因，落实整改措施。

（2）客运与服务生产质量监督与指导。能细化车站服务标准与岗位作业流程，检查客运与服务作业标准执行情况，制订服务优化方案；在处理疑难乘客事务时，能调查情况，请示汇报，沟通协调，寻求解决方案；在出现紧急情况且人员不足时，能根据车站实际情况调动本站资源。

（3）票务运作生产质量监督与指导。能细化车站票务运作标准与岗位作业流程，检查票务作业标准执行情况，稽查票务违章行为；在处理特殊票务事务时，能调查情况，请示汇报，沟通协调，寻求解决方案。

（4）消防、应急安全管理与指导。能根据消防、应急相关法律法规与行业规定，建立消防档案并及时更新；能根据国家、行业、企业等上行规章制度要求，细化车站各类应急预案；能自查并协助消防部门检查车站消防安全；能组织消防培训与应急演练；在本站发生消防、应急事件时，能指挥现场处理，事后调查情况，分析原因，落实整改措施。

3）技术革新与传承

（1）生产技术革新。能根据车站行车、施工安全相关数据，分析安全工作状况，提出行车施工作业程序优化建议；能根据车站客运服务相关数据与周边环境特点，分析客流趋势，优化车站服务措施与客流组织预案；能根据车站票务运作相关数据与票务收入特点，分析客流趋势，优化票务作业程序；能根据相关应急事件案例情况，分析安全风险点，优化各项应急处理预案。

（2）技术传承。能制订员工培训计划，管理员工培训档案；能基于生产任务，提炼任务相关知识要求与技能要求；能编写培训教案，评估培训质量。

5. 一级/高级技师

1）车站运作

（1）生产计划制订及实施情况监督。能根据生产要求制订、审核车站生产计划，并监督计划实施情况；能分析各业务模块生产状况，发现隐患，制订相应的措施并监督实施情况；能对车站整体工作进行小结、汇报。

（2）车站人员管理。能制订各类车站级管理规定；能统计员工绩效情况，分析员工工作状态，采取有效措施提高员工整体绩效水平。

（3）车站外联沟通。能组织车站与周边单位进行业务协作；能根据生产需要，进行对外和对上级沟通协调；能对车站上一级组织或合作单位提出合理意见和建议。

2）生产质量监督与指导

（1）行车、施工生产质量分析与管控。能组织行车、施工作业专项检查，分析安全隐患，制订管控措施；能对历史行车、施工安全事件进行分析，发现问题，优化作业标准与流程，完善相关规章制度；在本站发生行车、施工安全事件时，能指挥现场处理，事后调查情况，分析原因，撰写分析报告，监督整改情况。

（2）客运、服务生产质量分析与管控。能进行客运组织专项分析，寻找运能优化关键点，制订管控措施；能组织服务专项检查，寻找服务质量提升关键点，开展服务质量提升专题研究；能对历史客运、服务安全事件进行分析，发现问题，优化作业标准与流程，完善相关规章制度；在出现紧急情况且人员不足时，能根据车站实际情况申请外部支援。

（3）票务运作生产质量分析与管控。能组织票务专项检查，分析票务安全隐患，制订相应管控措施；能对历史票务违规违章事件进行分析，发现问题，优化作业标准与流程，完善相关规章制度；在处理特殊票务事务时，能及时了解情况，沟通协调，提供解决方案。

（4）消防、应急生产质量分析与管控。能根据相关法律法规要求开展车站消防管理；能组织车站级消防专项检查，分析消防隐患，制订管控措施；能对历史消防安全事件进行分析，发现问题，优化应急预案，完善相关规章制度；在本站发生消防、应急事件时，能指挥现场处理，事后调查情况，分析原因，撰写分析报告，监督整改情况。

3）技术革新与传承

（1）生产技术革新。能开展隐患整治、质量提升等专题研究与专业运作创新项目研究。

（2）技术传承。能确定人才培养标准，开发专业培训课程，编写专业培训教材，研究跨岗位技能融合，开展综合人才培训。

精神导向牌

凌春霞：让地铁人才“星光燎原”

1992 年，在上海首条地铁线路正式投入运营前夕，凌春霞入职上海地铁，成为上海地铁首批客运服务人员之一。

在运营初期，由于缺乏经验，车站管理面临着许多困难，但是凌春霞和团队一起克服难点、攻破堵点，不断探索车站管理模式，做好运营现场安全保障工作。1995 年，凌春霞获评上海市劳动模范；1997 年，又获得全国五一劳动奖章。

获得荣誉后，凌春霞没有止步不前，而是经常会思考：怎样才能让劳模精神激发整个团队的战斗力？“因为我自己是在岗位上被慢慢地培养成了劳模，所以我也想发掘更多一线好的苗子。”凌春霞说。于是，她积极推进劳模明星的培育工作。在她的倡导下，公司成立了优质服务研讨小组，提出“星光燎原”计划，由公司业务部门和现有服务新秀、服务明星参加，从地铁服务中的要点、难点、热点入手，定期召开各种形式的交流学习实践活动。

在凌春霞的推动下，小组先后与多位劳模合作，为小组成员提供指导与培训。通过这样的机制，培养出了多位优秀员工，如全国劳动模范鲍鹤群、全国三八红旗手孙春霞等。小组形成的站务员“三到位、三定位”工作法，服务人员“六心服务”工作法和值班站长“三看四讲”工作法等，也已经纳入公司的培训教材。“劳模精神传递的关键在于培养新人。”凌春霞说。

回望过去，凌春霞感慨，上海地铁发展之快出乎所有人的意料。“原来我是地铁的参与者，现在是一名乘客。原来我是为地铁做好服务和管理的人，现在主要是为他们鼓掌的人。希望整个地铁员工队伍的质量能够越来越高，管理水平继续提升，真正做到国内领先、国际一流，让乘客感到更舒心！”凌春霞说。

（资料来源：上观新闻网站，有改动）

（三）城市轨道交通行车调度员

城市轨道交通行车调度员是从事城市轨道交通列车运行组织指挥工作的人员，该职业共设五个等级，由低到高分别是五级/初级工、四级/中级工、三级/高级工、二级/技师、一级/高级技师。各级别城市轨道交通行车调度员的专业技能要求由低等级到高等级依次递增，高等级涵盖低等级的专业技能要求。各级别的工作内容及专业技能要求如下。

1. 五级/初级工

1）日常调度指挥

调度命令发布时应注意的安全事项

（1）运营准备。能按照行车调度日常工作程序及要求，确认和核对当日计划列车运行图，准备行车工作图表；能按照列车自动监控系统操作相关规定和调度电话、无线电台操作相关规定，检查行车调度指挥设备的状态和功能，试验和确认线上行车设备的运转状态；能按照接触网（轨）送电工作流程及要求，联系确认全线送电条件，完成送电申请，确认供电系统状态正常，确认施工已全部销点。

（2）列车运行计划管理。能识读列车运行图（见图 5-8）中的列车运行信息；能识别列车晚点情况，统计列车正点率、运行图兑现率等各项指标；能按照行车调度工作规程相关规定和列车自动监控系统操作相关规定，调整始发站发车时间、站停时间、区间运行时间；能按照列车运行调整计划完成列车停运、加开、中途折返、变更交路、通过（跳停）等列车调整工作。

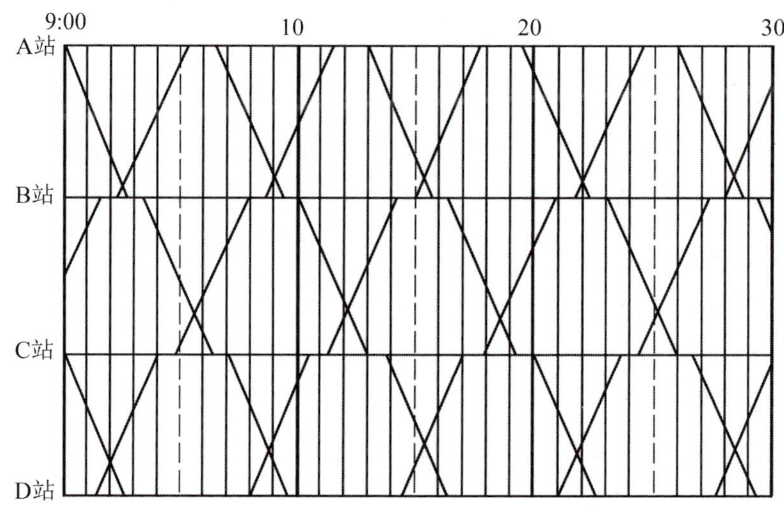

图 5-8　列车运行图

（3）列车及设备运行状态监控。能识别各类行车调度指挥设备表示信息，发现列车运行和设备运转的异常状态；能按照通信设备操作相关规定和列车自动监控系统操作相关规定，使用列车自动监控系统下达对列车、信号机、道岔、轨道区段、进路、车站等的控制指令；能按照综合监控系统操作相关规定，使用视频监控系统调取和查看现场情况；能按照行车组织相关规定，使用无线、有线调度电话联系行车组织工作。

（4）调度命令发布及信息报送。能按照行车标准用语相关规定和调度命令发布相关规定，发布行车组织调度命令；能按照各类信息记录和报送相关要求，收集、汇总和报送

各类运营信息，填写各类行车工作报表。

（5）结束运营。能按照设备管理范围相关规定和接触网（轨）停电作业标准，确认停电范围，通报停电信息，并根据停电范围和要求申请停电；能按照运营时刻表组织列车回段（场）。

2）施工检修管理

（1）施工检修计划管理。能按照施工检修计划管理相关规定，根据施工检修计划核对施工检修作业项目；能按照施工检修作业项目联系确认的相关要求，受理施工检修作业项目的联系工作。

（2）施工检修组织。能按照施工管理相关规定和施工检修作业项目安排，发布施工组织调度命令；能按照行车组织相关规定，监控夜间施工列车，调试列车的运行；能确认施工检修作业完成情况。

3）突发事件应急指挥

（1）非正常行车组织。能按照非正常行车组织处置相关规定，组织列车停于存车线（库线），组织列车变更运行交路、限速运行、越站运行、立即停车待命，组织区段封锁与解封工作，组织列车救援，组织临时加开列车及列车退出运行，组织列车调整站停时间。

（2）应急处置。能按照控制权转换处理程序及要求进行控制权转换，能按照应急处置程序处理由车辆故障或乘客原因导致的列车运行延误事件，能按照应急处置程序处理信号设备故障事件、列车临时清人（清客）事件、车站封站或推迟开门运营事件，能按照应急处置程序完成接触轨（网）临时停送电、施工列车救援等工作。

思维调度室

导致非正常行车的原因有哪些？

2. 四级/中级工

1）日常调度指挥

（1）列车运行计划管理。能制订列车停运、加开、中途折返、变更交路、通过（跳停）等列车运行调整计划，能根据列车运行调整计划铺画列车运行图。

（2）列车及设备运行状态监控。能判别异常状态对运营造成的影响并采取防范措施，能使用不同制式（含全自动运行线路）的列车自动监控系统下达对列车、信号机、道岔、轨道区段、进路、车站等的控制指令。

（3）高度命令发布及信息报送。能跟进行车组织调度命令的执行情况；能审核确认

各类运营信息，并进行补充报送；能审核各类行车工作报表。

2）施工检修管理

（1）施工检修计划管理。能安排各项施工检修作业项目；能判别各项施工检修作业项目间的相互影响，制订有关施工检修作业项目的注意事项。

（2）施工检修组织。能发现施工检修作业过程中的问题，并采取应对措施；能组织提前结束或延长施工检修作业；能变更施工列车的运行路径。

3）突发事件应急指挥

（1）非正常行车组织。能组织列车退行、推进运行、反方向运行，能启用备用闭塞法组织行车，能组织列车通过信号设备故障区段，能组织非正常情况下的接发车作业。

（2）应急处置。能按照应急处置程序处理中断运行事件、由车辆故障导致的列车救援事件、站台门故障事件、车站照明熄灭故障事件、由故障导致的区间疏导乘客事件等，能完成因客流变化进行的运力调整。

3. 三级/高级工

1）日常调度指挥

（1）列车运行计划管理。能审核列车运行调整计划，辨识风险点；能根据多条线路间列车换乘时间关系优化列车运行图。

（2）列车及设备运行状态监控。能监视对列车、信号机、道岔、轨道区段、进路、车站等控制指令的执行效果；能按照风险分级管控相关要求，通过视频监控系统辨识现场安全风险。

2）施工检修管理

（1）施工检修计划管理。能审核、优化各项施工检修作业项目安排；能制订施工列车配合的施工检修作业专项安全保障措施。

（2）施工检修组织。能辨识施工列车在检修作业过程中的运行风险，并采取应对措施；能确认施工检修作业完成后的设备功能验证。

3）应急处置

（1）非正常行车组织。能判别各项非正常行车组织措施对运营的影响，并进行行车调整；能辨识非正常行车组织过程中的风险，并采取应对措施。

（2）应急处置。能按照应急处置程序处理列车脱轨（见图 5-9）、冲突、挤岔事件，火灾事件，车站及轨行区淹水倒灌、大面积停电、通信网络瘫痪、信号系统重大故障、桥隧结构严重变形或坍塌、路基塌陷等事件。

图 5-9　列车脱轨

4. 二级/技师

1）突发事件应急指挥

（1）应急准备。能编制现场处置方案，能根据应急预案编制突发事件应急演练方案，能根据应急演练方案完成突发事件应急演练。

（2）应急处置。能按照应急响应相关规定和要求，判别突发事件类型和对线网运营的影响，启动应急响应，组织突发事件应急处置；能按照应急资源配置和应急协调沟通相关要求，调动内部资源进行抢修或抢险救援工作。

2）技术管理

（1）生产组织管理。能按照行车调度指挥工作计划相关要求，制订行车调度指挥工作计划，并跟进实施情况；能按照隐患排查及治理相关要求，排查行车调度指挥工作中的安全隐患，建立和管理隐患台账，并制订防范措施；能分析突发事件应急处置过程，撰写事故分析报告，制订改进措施；能按照规章制度编制的相关规定，编制行车调度工作规程（细则）、施工和应急演练管理办法等规章制度。

（2）技术装备管理。能按照行车调度指挥设备操作规范，梳理行车调度指挥设备既有功能，发现设备功能存在的问题，提出升级改造建议；能根据新线建设及运营筹备相关规定和新线建设和运营筹备工作，提出行车调度指挥设备的场景及功能需求。

3）指导与培训

（1）生产监督指导。能对新技术、新设备使用进行技术指导，对日常调度指挥、施工组织与管理、突发事件应急处置进行业务指导，发现并纠正存在的问题。

（2）业务技能培训。能按照人才技能要求，制订员工培训计划，编写调度业务培训课件，对三级/高级工及以下级别人员进行业务培训。

5. 一级/高级技师

1）突发事件应急指挥

（1）应急准备。能编制、完善各类专项应急预案和综合应急预案；能制订应急演练计划，审核应急演练方案；能组织综合性、跨领域的大型实战应急演练；能对应急演练活动进行评估、总结和改进。

（2）应急处置。能根据应急处置进程调整应急响应等级；能协调外部资源进行抢修或抢险救援工作。

2）技术管理

（1）生产组织管理。能审核、调整行车调度工作计划；能审核、完善行车调度工作规程（细则）、施工和应急演练管理办法等规章制度；能制订安全风险分级管控和隐患排查治理标准。

（2）技术装备管理。能结合新技术、新发展需要，开展关于应急预案体系建设、应急队伍能力建设、应急资源优化配置、智能应急指挥系统建设等技术攻关活动或创新项目研究；能审核行车监控系统、施工管理系统、应急指挥系统的设计文件，提高新建线路行车调度指挥水平，提高线网施工管理和应急指挥的效率。

3）指导与培训

（1）生产监督指导。能编制行车调度指挥设备操作规程，指导验证新技术或新功能的应用效果，并提出改进建议；能制订网络化行车组织改进措施，并总结提炼突发事件应急处置流程清单。

（2）业务技能培训。能审核员工培训计划，确定人才培训标准，评估培训质量，编写培训大纲和教材；能进行新技术、新设备、新标准应用培训。

任务实施

专业技能互检互测

（1）全班学生自由分组，每组 6～8 人。

（2）各组根据不同职业城市轨交通员工所需的专业技能，自行编写剧本，针对工作中的常见问题设置工作情景。

（3）小组成员根据剧本进行情景模拟，并针对有疑问的地方进行讨论。

（4）教师观看各组的模拟成果，并进行点评。

项目总结

城市轨道交通员工的专业素养主要体现在对职业所需的专业知识与专业技能的掌握程度上。

专业知识对个人的职业生涯发展起到了重要的作用，具有专业性、交叉性与动态性等特征。城市轨道交通员工需要掌握线路与车站相关知识，车辆、供电、通信与信号相关知识，客运服务设施设备相关知识，行车组织相关知识，客运组织相关知识，票务管理相关知识，运营安全相关知识，相关法规与标准等城市轨道交通专业知识，为掌握专业技能打好理论基础。

专业技能具有更强的实践属性，是城市轨道交通员工在职场上立足的重要条件，也是城市轨道交通员工顺利完成工作的保障和职业发展的保障。各职业城市轨道交通员工都应掌握相应的专业技能，例如，城市轨道交通站务员与城市轨道交通行车值班员应当掌握行车组织、客运与服务、票务运作、应急情况处理等技能，城市轨道交通行车调度员应当掌握日常调度与指挥、施工检修管理、突发事件应急指挥等技能。

此外，高等级的城市轨道交通员工需要掌握的专业技能更多、更深入。例如，城市轨道交通行车值班员中的技师和高级技师需要掌握车站运作、生产质量监督与指导、技术革新与传承等技能，城市轨道交通行车调度员中的技师和高级技师需要掌握技术管理、指导与培训等技能。

学习成果检测

1. 选择题

（1）（　　）分为强制性标准与推荐性标准。

A. 国家标准　　B. 行业标准　　C. 地方标准　　D. 企业标准

（2）城市轨道交通（　　）是指挥列车运行、进行公务联络、传递各种信息的重要媒介。

A. 供电系统　　B. 通信系统　　C. 信号系统　　D. 综合监控系统

（3）城市轨道交通站务员需要掌握（　　）技能，包括识别站台门状态，做好端门管理等。

A. 站台接岗　　B. 站台列车接发

C. 站台安全监控　　D. 非正常情况下的行车组织

（4）城市轨道交通行车值班员（ ）需要掌握生产计划制订及实施情况监督、车站人员管理、车站外联沟通等车站运作技能。

A. 初级工　　B. 中级工

C. 高级工　　D. 高级技师

2. 填空题

（1）专业知识具有____________、____________、____________等特征。

（2）城市轨道交通____________是指在合理布置客运设施设备的前提下，对客流采取有效分流、引导与控制，保证客流运送安全有序的管理工作。

（3）城市轨道交通站务员初级工需要掌握的票务运作技能包括____________、____________、票务事务引导等。

（4）城市轨道交通__________是从事城市轨道交通列车运行组织指挥工作的人员。

3. 简答题

（1）城市轨道交通客运服务设施设备有哪些？

（2）城市轨道交通行车值班员中的五级/初级工、四级/中级工和三级/高级工分别需要掌握哪些非正常情况下的行车组织技能？

学习成果评价

请进行学习成果评价，并将评价结果填入表 5-2 中。

表 5-2　学习成果评价表

班级		组号		日期	
姓名		学号		指导教师	
项目名称	城市轨道交通员工专业素养				
评价项目	评价内容			满分	评分
理论知识（40%）	线路与车站相关知识			6	
	车辆、供电、通信与信号相关知识			6	
	客运服务设施设备相关知识			6	
	行车组织相关知识			6	
	客运组织、票务管理、运营安全相关知识			10	
	相关法规与标准			6	

（续表）

评价项目	评价内容	满分	评分
实践技能（40%）	能够在实践中应用所学专业知识	20	
	初步掌握本职业所需的专业技能	20	
综合素养（20%）	积极参加学习活动，主动思考、讨论	5	
	具备良好的学习态度	5	
	遵纪守法，按照国家法律法规与企业规章制度办事	10	
合计		100	
自我评价			
教师评价			

参考文献

[1] 徐新玉．城市轨道交通员工职业素养［M］．2版．北京：人民交通出版社股份有限公司，2018.

[2] 李东风，李余华．城市轨道交通员工职业素养［M］．北京：北京出版社，2019.

[3] 杨旭丽，李兆飞，梅哲飞．轨道交通职业意识与职业素养［M］．哈尔滨：哈尔滨工业大学出版社，2021.

[4] 李亚茹．城市轨道交通职业素养与客运礼仪［M］．北京：北京理工大学出版社，2017.

[5] 闫静超．铁路职业素质［M］．上海：上海交通大学出版社，2020.

[6] 李培锁．城市轨道交通服务礼仪［M］．2版．上海：上海交通大学出版社，2021.

[7] 程钢．城市轨道交通客运服务［M］．2版．上海：上海交通大学出版社，2021.

[8] 兰琳，胡永华，孙永旺．职业素养提升［M］．2版．镇江：江苏大学出版社，2021.

[9] 管河梁．企业文化与职业素养［M］．上海：上海交通大学出版社，2022.

[10] 周怀文，丁兰华，马野．社交礼仪［M］．2版．北京：航空工业出版社，2022.